Nikolaus Nützel
Dein letzter Gottesdienst?

Nikolaus Nützel

Dein letzter Gottesdienst?

Das etwas andere Buch zu Konfirmation und Firmung

Kinder- und Jugendbuchverlag
in der Verlagsgruppe Random House

Der Verlag weist ausdrücklich darauf hin, dass im Text enthaltene externe
Links vom Verlag nur bis zum Zeitpunkt der Buchveröffentlichung eingesehen
werden konnten. Auf spätere Veränderungen hat der Verlag keinerlei Einfluss.
Eine Haftung des Verlags ist daher ausgeschlossen.

Verlagsgruppe Random House FSC® N001967

1. Auflage 2016
© 2016 cbj Kinder- und Jugendbuch Verlag, München
in der Verlagsgruppe Random House GmbH,
Neumarkter Straße 28, 81673 München
Alle Rechte vorbehalten
Lektorat: Uwe-Michael Gutzschhahn
Bildredaktion: Tanja Zielezniak
Einbandgestaltung: init|Kommunikationsdesign,
Bad Oeynhausen
aw • Herstellung: aj
Satz: Buch-Werkstatt GmbH, Bad Aibling
Druck: Těšínská tiskárna, a.s., Český Těšín
978-3-570-15977-4
Printed in the Czech Republic

www.cbj-verlag.de

Warnhinweis:

Dieses Buch enthält Überlegungen, die Menschen, die sich selbst als sehr gläubig sehen, möglicherweise nicht gefallen. Manche könnte dieses Buch vielleicht sogar verärgern.

Aber der Autor möchte dazu anregen, sich Gedanken zu machen über das, was hinter dem Wort »Kirche« steckt. Ohne von vorneherein strikte Denkverbote zu verhängen.

Ein zweiter Hinweis: Der Autor hat sich Gedanken gemacht, als er kurz nach seinem 18. Geburtstag aus der Kirche austrat, also rund fünf Jahre nach seiner Konfirmation. Vielleicht noch mehr Gedanken hat er sich gemacht, als er weitere 34 Jahre später in die evangelische Kirche wieder eintrat.

Seit seinem Wiedereintritt ist der Autor kein *Erweckter*. Er hört keine Stimmen. Auch nicht die Stimme Gottes. Doch er ist einer, der nicht nur möchte, dass es Kirchengebäude gibt. Er möchte auch, dass es Kirche gibt.

Und der Autor ist überzeugt: Die kann es nur geben, wenn Christen ebenso wie Nichtchristen sich mit der Frage beschäftigen: »Was ist Kirche?« Auch die jungen Leute unter den Christen und den Nichtchristen.

Inhalt

1

KENNSTE DEN?

Treffen sich zwei Pfarrer. Sagt der eine: »O Mann, im Turm meiner Kirche haben sich Fledermäuse eingenistet. Es ist eine Katastrophe, die kacken alles voll! Ich habe alles probiert, sogar Gift. Doch ich kriege die Biester einfach nicht weg!«

Sagt der andere ganz gelassen: »Das Problem hatte ich auch. Aber ich habe es ziemlich schnell gelöst.«

Fragt der erste Pfarrer verblüfft: »Ja, wie denn?«

Antwortet der zweite: »Ganz einfach. Ich hab die Tiere konfirmiert. Da waren sie sofort weg. Hab sie nie wiedergesehen.«

Das Wort »konfirmiert« kannst du auch durch »gefirmt« ersetzen. Trotzdem gar nicht schlecht, der Witz, oder?

Halt! Das Buch noch nicht weglegen!

Dass du hier mit »Du« angesprochen wirst, bedeutet nicht, dass du eines von diesen Büchern in der Hand hältst, in denen es in seifig-süßen Worten heißt: »Hey, Jesus hat dich lieb! Weil Jesus die ganze Welt lieb hat! Deswegen ist alles ganz klasse und toll! Und wenn du konfirmiert/gefirmt bist, ist alles noch viel toller!«

Nein, wenn du ehrlich bist, findest du: Toll an einer Konfirmation oder Firmung ist vor allem, dass man da ordentlich Geld geschenkt bekommt. Das Fest ist auch nett. Aber dass man jetzt ein vollwertiger Christ ist, eine vollwertige Christin? Ist das wichtig? Mal ehrlich …

Wenn man schon nicht recht weiß, wohin mit den Beinen, dann soll man auch noch singen?

Und wie kann man eigentlich auf die Idee kommen, dass alles ganz toll ist, weil Jesus einen liebt? Sind die Leute, die so etwas sagen, nie auf Nachrichtenseiten im Netz? Hören die kein Radio? Schauen die nicht fern?

Aber da ist noch etwas. Diese ganze Sache mit Kirche, Konfirmation, Firmung ist immer wieder *wahnsinnig peinlich*. So peinlich, dass man es – pssst! – am besten ganz privat behandeln sollte. Und da passt es besser, dich mit »Du« anzusprechen.

Listen wir mal auf, was da alles peinlich ist:

■ *Peinlich, peinlich:* das Singen

Vor allem die vielen alten Leute, die falsch singen. Oder wenn der Pfarrer bei den Stellen, wo er alleine singt, die Töne nicht trifft. Fremdschämen ist gar kein Wort dafür. Auch peinlich: Wenn man feststellt, dass kaum einer wirklich mitsingt. Oder wenn man selbst doch mitsingt und merkt, dass die anderen einen hören können.

■ *Peinlich, peinlich:* das Nicht-wissen-was-gerade-gemacht-werden-muss

Da hat man jahrelang Religionsunterricht in der Schule, Konfirmandenunterricht/Firmunterricht. Gut, das Vaterunser kannst du inzwischen halbwegs. Aber diese Sachen im Gottesdienst, bei denen die ganzen Rentner wissen, was jetzt gesagt und gemacht werden muss, davon hast du weiterhin nicht die geringste Ahnung. Wie ist das mit den Herzen, die in die Höhe sollen? Und wer erbarmt sich wann und warum? Was ist überhaupt »erbarmen«? Also am besten gar nichts sagen. Ist aber auch irgendwie komisch, wo doch von den alten Leuten viele irgendwas sagen. Die haben's also raus. Nur du nicht.

■ *Peinlich, peinlich:* zu sehen, wie Onkel und Tanten, die bestimmt nicht an Gott glauben, plötzlich in die Kirche gehen

Da erzählen sie dir die ganze Zeit, man soll ehrlich sein. Man soll nur Sachen machen, zu denen man steht. Man soll nicht sagen, dass man gerne Taylor Swift hört, obwohl die einem eigentlich egal ist. Man soll nicht sagen, dass man Bayern-München-Fan ist, bloß weil die anderen es sind. Aber bei der Konfirmation oder der Firmung, da stehen all die Verwandten, von denen du ziemlich sicher weißt, dass sie mit Kirche rein gar nichts am Hut haben, brav zum Beten auf. Ziehen sich extra fein an. Für wen

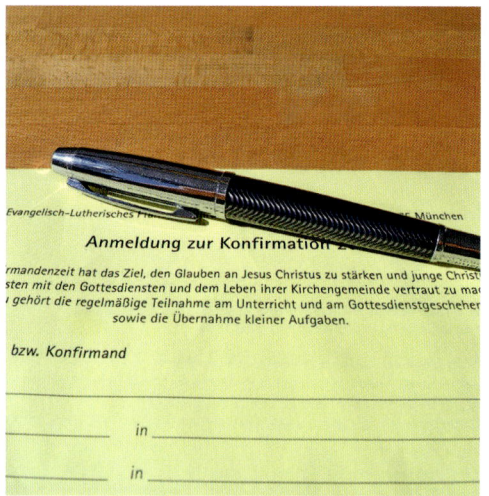

Die Kirchen wollen bei Jugendlichen »den Glauben an Jesus Christus stärken«. Was bedeutet das?

eigentlich? Für Gott, an den sie nicht glauben? Für den Pfarrer, den Pastor? Für dich? Ist das nicht irgendwie verlogen?

- *Peinlich, peinlich:* das Nicht-wissen-was-Kirche-eigentlich-ist

Wusstest du, dass bei den Kirchen mehr Leute arbeiten als bei jeder privaten Firma? BMW, VW, Siemens – ist nichts im Vergleich zu evangelischer und katholischer Kirche mitsamt diesen eigenartigen Anhängseln: Diakonie und Caritas. Was für merkwürdige Namen die schon tragen: *Wohlfahrtsverbände.* Vielleicht bist du in einem Krankenhaus der Caritas auf die Welt gekommen? Oder bist in einen Kindergarten der Diakonie gegangen? Aha. Warum haben die Kirchen Kindergärten, warum macht das nicht der Staat? Und diese Parteien mit dem »C«, die so viel über dein Leben entscheiden können – was ist an denen eigentlich christlich, an der CDU und der CSU?

- *Peinlich, peinlich:* das Gefühl, dass es doch irgendwie wichtig ist, was die Kirchen machen, auch wenn du damit gerade gar nichts anfangen kannst

»Das Einzige, was ich mir nicht vorstellen kann, ist der Tod.« In diese Worte fasst der 13-jährige Leonhard kurz nach seiner Konfirmation einen Gedanken, der so ziemlich alle Menschen beschäftigt. Seit jeher. Und seit jeher sagen Religionen: »Kein Problem, auf das mit dem Tod haben wir eine Antwort.« Doch diese Antworten sagen dir nicht wirklich etwas, oder? Jesus ist leibhaftig in den Himmel aufgefahren? Und jetzt kreist er um den Mond, oder was?

Immerhin gibt es zur Feier der Himmelfahrt Christi einen Tag schulfrei. Aber im Ernst: Gibt es nun einen Himmel, in den man »auffahren« kann? Auf die Sache mit dem Tod hättest du ja schon gern eine Antwort. Sollst du die nun bei der Kirche suchen? Oder woanders? Oder kann das nicht noch 70 Jahre warten? Uff.

■ *Peinlich, peinlich:* wenn die Kirchenleute ganz betont locker sind
Dazu muss man jetzt nichts weiter sagen, oder?

So. Und wie wäre es mit ein paar Gedanken zu all diesen Sachen?

Wie? Jetzt lieber nicht?

Gut. Vielleicht ja nächstes Jahr. Oder in drei Jahren. Oder in 50 Jahren.

Aber eines sollte dir klar sein: Du kommst aus der Nummer nicht so einfach raus. Du hängst drin in der Christen-Sache. In der Glaubens-Sache. Also: Du kommst um ein paar Fragen zum Thema Kirche nicht herum. Auf den nächsten Seiten findest du ein paar Antwort-Vorschläge.

2

KANN ICH DER KIRCHE ENTKOMMEN?

Frag hundert Erwachsene, wann sie das letzte Mal »einfach so« in einem Gottesdienst waren, also nicht an Weihnachten oder bei einer Taufe oder Hochzeit, dann wird … langes Schweigen kommen. Und dann könnte von 80 bis 90 dieser hundert Erwachsenen die Antwort kommen: »Keine Ahnung, irgendwann kurz vor meiner Konfirmation war ich das letzte Mal in einem normalen Gottesdienst.« Katholische Erwachsene könnten den gleichen Satz sagen, nur mit dem Wort »Firmung« statt Konfirmation. Wenn du das Gefühl hast, dass es dich so schnell nicht mehr in einen Gottesdienst verschlägt, bist du also nicht allein. Du gehörst zu einer großen Mehrheit. Trotzdem: Du entkommst der Kirche nicht. Sie ist überall, du musst nur ein bisschen genauer hinschauen. Und damit entkommst du auch all dem nicht, was irgendwie mit Glaube, Gott und dem Überirdischen zu tun hat. Und all das hat in Europa wiederum irgendwie immer etwas mit dem Christentum zu tun.

Das glaubst du nicht? Schau es dir mal an.

Nicht nur in Kirchen ist von Gott die Rede.

Gott, Götter, am Göttesten

Der »Fußballgott«, gibt's den? Zumindest gibt es ihn in vielen Tausend Texten, die in Zeitungen und Internet-Einträgen in den vergangenen Jahren veröffentlicht wurden. Er findet sich sogar noch öfter als der »Wettergott«, von dem auch nicht gerade selten die Rede ist. Selbst Begriffe, die eigentlich nicht so richtig zum Wort »Gott« zu passen scheinen, werden gern mal benutzt, um vermeintlich Göttliches zu beschreiben. Vom »Sexgott« ist immer mal wieder die Rede, wenn ein Mann in einer ganz bestimmten Hinsicht als Spitzenklasse tituliert werden soll.

Mit Kirche hat diese Sorte von Göttern auf den ersten Blick nicht viel zu tun. Doch der »Fußballgott«, der »Wettergott«, der »Sexgott« zeigen, dass die Menschen schlicht etwas brauchen, das außerhalb der Welt ist, die sie sehen und anfassen können. Und sei es nur, um Witze darüber zu machen, so wie beim »Sexgott«. In einer Welt, in der Glaube und Kirche überhaupt keine Rolle spielen, würde niemand vom »Fußballgott« sprechen. Das ergibt nur dann Sinn, wenn das Wort »Gott« eine Bedeutung hat.

Der Grund ist einfach: Wer sich in der Welt zurechtfinden will, wünscht sich Orientierung. Und selbst Leute, die maximal ungläubig sind, orientieren sich an den Wegweisern, die die christlichen Kirchen seit zweitausend

Jahren aufstellen. Wer keine lustigen neuen Wörter mit der Silbe »Gott«
bildet, der nimmt das wichtigste Buch der Christen: die Bibel.

Hier eine Auswahl von Buchtiteln, die wirklich nichts mit dem christlichen Glauben zu tun haben:

- »Die Fett-Weg Bibel«
- »Webers Grillbibel«
- »Die Hausmittel-Bibel – Schnell wieder gesund«
- »Die fantastische Strick-Bibel«
- »Kräuterbibel«
- »Die Home-Workout-Bibel«
- »Die Bibel des schwulen Sex«

Kein Witz: Alle diese Buchtitel gibt es wirklich. Was zeigen sie dir? Sogar
jemand, der über »schwulen Sex« schreibt, nimmt sich etwas aus dem
Christentum, wenn er zeigen will, dass
sein Buch etwas ganz Besonderes sein
soll.

Kreuze überall

Man darf vermuten, dass es in der
Tattoo-Szene weltweit nicht ganz so
christlich zugeht wie auf Kirchentagen. Aber wenn du mal hinschaust, was
sich Tätowierungs-Fans besonders gerne in die Haut stechen lassen, wirst du

Ein Glaubensbekenntnis auf der Haut?

sehen: Es sind christliche Zeichen. Betende Hände, Jesus, Maria – und vor allem das Kreuz.

Aber man muss das Kreuz als Schmuck nicht unbedingt in die Haut stechen. Man kann es sich auch um den Hals hängen oder um den Arm binden. Achte mal darauf, wie viele Menschen ein Kreuz tragen, von denen man sich fragt: »Glaubt die an das, was hinter dem Kreuz eigentlich steht? Weiß der überhaupt, was das Kreuz für ein Zeichen ist?«

Diese Mädchen wissen sicherlich, dass ihre Rucksäcke provozieren.

Der Fantasie der Schmuckgestalter sind keine Grenzen gesetzt, wenn es darum geht, was man mit dem Kreuz alles anstellen kann. Wer wirklich cool sein will, hängt sich eine Patronenkugel um den Hals, auf der ein Kreuz abgebildet ist.

Auch wenn Leute Angst um ihr Leben haben, setzen sie gern auf den Beistand einer höheren Macht. Wenn du genauer hinsiehst, wirst du in Autos häufig ein »Christophorus-Kreuz« hängen sehen, also ein Symbol, das den Heiligen beschwören soll, der nach Überzeugung vieler Katholiken darauf achtet, dass Reisenden nichts Schlimmes geschieht.

Aber auch diejenigen, die mit ihrem Äußeren ein bisschen anecken möchten, nutzen gern Symbole, die mit dem Christentum zu tun haben. Da trotten Mädchen im Konfirmationsalter an einem vorbei, die so aussehen, als könnten sie kein Wässerchen trüben. Über ihre Schultern hängen sie aber Rucksäcke, die mit sogenannten Satanskreuzen verziert sind, also mit Kreuzen, die auf dem Kopf stehen. Diese Girlies wissen sehr wohl, dass sie damit gläubigen Christen, vor allem gläubigen Katholiken, einen Stich ins Auge versetzen. Und das macht ihnen Spaß.

Das Gleiche gilt, wenn jemand öffentlich die Zahl 666 zeigt. Wenn ein junges Mädchen mit dieser Ziffernfolge auf dem Käppi durch die Gegend läuft, wird sie nicht unbedingt wissen, dass sie sich damit auf eine Bibelstelle bezieht. In der Offenbarung des Johannes im Neuen Testament heißt es, 666 sei »die Zahl des Tieres«, also des Bösen. Einem solchen Mädchen ist aber mit Sicherheit bewusst, dass sich mit dem

Eine Zahl kann ganz schön provokant sein – wenn sie aus der Bibel kommt.

Käppi ein bisschen provozieren lässt, ganz nach dem Motto »Brave Mädchen kommen in den Himmel, böse kommen überallhin«.

Sonn- und feiertags geschlossen

Wörter und Zeichen der Kirche prägen die Welt also mehr, als du vielleicht dachtest. Aber es geht viel weiter. Wenn du auswählen solltest, welcher Tag der Woche der langweiligste ist, für welchen würdest du dich entscheiden? Sonntag vielleicht? Dann würdest du die gleiche Antwort geben, die im Internet in vielen entsprechenden Einträgen zu lesen ist. Und der »langweiligste Tag des 20. Jahrhunderts«, den ein Informatiker errechnet hat, indem er rund 300 Millionen Datensätze auswertete, war … ein Sonntag!

Kann sein, dass du die Ruhe, die so ein Sonntag oft ausstrahlt, auch genießt. Keine Schule, kein Klavierunterricht, kein Mantelkaufen mit Mama. In der Regel sind es aber eher etwas ältere Leute, die die Stille des Sonntags loben. Die christlichen Kirchen haben vor einigen Jahren eine eigene Aktion gestartet, damit der Sonntag möglichst ruhig bleibt. Denn nicht nur in Städten wie Berlin drängen vor allem Ladenbesitzer darauf, auch den Sonntag zu einem ganz normalen Wochentag zu machen. Die Kirchen leisten dagegen bislang noch einigermaßen erfolgreich Widerstand. Schon 1999 begannen sie eine Kampagne, die heute noch unter dem Motto läuft »Ohne Sonntag gibt es nur noch Werktage«. In vermeintlich streng katholischen Ländern wie Italien oder Frankreich ist es übrigens kein großes Problem, Geschäfte zu finden, die sonntags geöffnet sind. Auch in Großbritannien hält man die »Sonntagsruhe« nicht für so wichtig wie in Deutschland.

Kirchenleute können einfallsreich sein – etwa wenn es darum geht, den Sonntag zu verteidigen.

Bei ihrem Kampf um den Sonntag bekommen die Kirchen auch Unterstützung von Leuten, die sonst nicht dauernd über die Zehn Gebote reden, in denen es ja heißt: »Du sollst den Feiertag heiligen.« Auch Menschen, die sich für Arbeitnehmerrechte einsetzen, finden, es sollte Tage geben, an denen es nicht in erster Linie ums Geldverdienen geht. Viele dieser Kämpfer für die Arbeitnehmerrechte interessieren sich sonst nicht groß fürs Christentum. Aber wenn sie sich gemeinsam mit den Kirchen dafür einsetzen können, dass man die 52 Sonntage des Jahres vom Arbeiten für Geld freihalten kann, dann ist es Gewerkschaften und anderen Arbeitnehmerverbänden auch recht.

Warum du wahrscheinlich nicht Ipek heißt

Es gibt aber noch ganz andere Gebiete, wo du auf Christliches stößt, sobald du ein bisschen danach gräbst. Wenn du bis hierher gelesen hast, trägst du wahrscheinlich nicht den Vornamen Turkan oder Ayse. Wer ein Buch in der Hand hält, das sich an Konfirmierte oder Gefirmte richtet, der heißt aber möglicherweise Anna, Marie oder Tom. Es gab Zeiten in Deutschland, in denen ein Vorname nur dann als guter Vorname galt, wenn er etwas mit der Bibel zu tun hatte oder mit Heiligen früherer Jahrhunderte.

Wenn du also Marie oder Maria gerufen wirst, dann wird dir vielleicht schon mal aufgefallen sein, dass du einen Namen trägst, den auch etliche Frauen in der Bibel haben. Ein anderer beliebter Mädchenname wäre Anna. So soll die Mutter der Maria geheißen haben, die Jesus zur Welt brachte. Anna wäre also die Oma des Jesus von Nazareth. Der Name Josef ist bei Kindern und Jugendlichen heute nicht mehr sonderlich verbreitet, aber Lukas beispielsweise schon. So hieß einer der vier Männer, die die Evangelien geschrieben haben. Oder heißt du vielleicht Benjamin? Sebastian? Lisa (was die Kurzform von Elisabeth ist)? Lea? Hannah? Paul? Tom (als Kurzform von Thomas)? Sara? Tobias? Das sind alles Namen, die etwas mit der Bibel oder mit christlichen Heiligen zu tun haben. Die Liste lässt sich lange fortsetzen.

Jakob, Lukas, Markus – alles Namen aus der Bibel.

Achtung Geheimcode!

Wenn man danach sucht, was alles christlich ist im Alltag in Deutschland, Österreich oder der Schweiz, muss man allerdings zugeben, dass sich einiges davon inzwischen nur noch ziemlich schwer verstehen lässt. Was »Sonntag« bedeutet, braucht man niemandem zu erklären. Aus anderen Begriffen, die mit Kirche zu tun haben, könnte man hingegen fast schon eine Geheimsprache basteln.

Falls du eine Verabredung ausmachen möchtest, die so gut wie niemand versteht, könntest du beispielsweise sagen: »Wir treffen uns am Freitag vor Trinitatis beim Schiedläuten.« Wenn man das in Alltagssprache übersetzt, heißt das für die Uhrzeit: Wir treffen uns um drei Uhr nachmittags, denn nach der »Läuteordnung«, die jede ordentliche Kirchengemeinde hat, wird an vielen Orten um diese Uhrzeit daran erinnert, dass Jesus nach der Überlieferung an einem Freitagnachmittag starb. Er »verschied«, wie es in altertümlichem Deutsch heißt. Also werden die Glocken kurz zum Schiedläuten angeschlagen.

Wenn du nah genug an einem Kirchturm wohnst, um seine Glocken zu hören, kannst du feststellen, dass es möglicherweise nicht nur freitags um drei Uhr nachmittags ein Schiedläuten gibt. Auch zu verschiedenen anderen Uhrzeiten den ganzen Tag über werden die Glocken immer wieder klingen. Das tun sie nicht nur, damit Menschen, die keine Uhr haben, erfahren, wie spät es

Der lateinische Geheimspruch auf diesem Deutschland-Autokennzeichen wird glücklicherweise von einem christlichen Lamm übersetzt.

ist. Eigentlich läuten die Kirchenglocken, um die Menschen ans Beten zu erinnern. Das tun dann natürlich die wenigsten, aber dem Glockenklang entgehen sie nicht. Manche Leute führen sogar Gerichtsprozesse, damit sie keine Glocken mehr hören müssen. In der Regel allerdings ohne Erfolg. Glockenläuten gehört in Deutschland oder Österreich einfach dazu, sagen die Richter üblicherweise.

Um den Tag deiner ganz speziellen Verabredung herauszukriegen, von der oben die Rede ist, musst du aber auch etwas rechnen. Der »Freitag vor Trinitatis« ist der Freitag vor dem ersten Sonntag nach Pfingsten (denn der heißt in der Kirchensprache »Trinitatis«). Das wäre im Jahr 2016 beispielsweise der 20. Mai, im Jahr 2018 der 25. Mai. Du wirst wahrscheinlich noch andere merkwürdige Begriffe in dieser Richtung gehört haben. Vielleicht hieß der Tag deiner Konfirmation »Rogate«, »Exaudi« oder auch

»Jubilate« und der Pfarrer hat das im Gottesdienst auch erwähnt. Verstanden haben wirst du aber möglicherweise nicht, dass er damit den Namen meinte, den ein bestimmter Sonntag im Kirchenjahr hat. Genauso wie es dir eben nie aufgefallen sein wird, dass bei vielen Kirchen zu bestimmten Zeiten die Glocken läuten.

Selbst in der Berliner U-Bahn begegnet einem Gott.

Damit kommen wir aber wieder auf ein Problem, das die Kirchen heute haben – und ein Problem, das du möglicherweise mit den Kirchen hast. Die Zeichen, die sie benutzen, und die Sprache, die sie verwenden, werden von immer weniger Menschen verstanden. Was aber nichts daran ändert: Irgendwie prägt die Gedankenwelt der Kirchen auch dein Leben, selbst wenn es dir nicht auf Anhieb bewusst ist. Und du hast bei der Konfirmation oder der Firmung ja gesagt, dass auch du zur Kirche gehörst. Doch warum genau hast du das eigentlich gemacht? Mal ehrlich: Weshalb hast du dich konfirmieren oder firmen lassen?

3

ENDLICH KONFIRMIERT! (ODER: ENDLICH GEFIRMT!) ABER WARUM EIGENTLICH?

Wenn man Lisa fragt, warum sie sich vergangenes Jahr hat konfirmieren lassen, kommt die Antwort: »Weil's normal ist.« Fragt man ihren Mitschüler Florian, hört man: »Weil es alle machen.« Damit geben sie Antworten, die viele Konfirmierte geben würden. Oder auch viele, die die Firmung hinter sich haben. Wenn man liest, dass jedes Jahr mehr als 230 000 Jugendliche in Deutschland konfirmiert und mehr als 160 000 gefirmt werden, dann klingt das ja fast nach »alle«.

Aber jeder, der sich ein bisschen umschaut, sieht sofort, dass die Antwort »weil's alle machen« natürlich nicht ganz stimmt. Florian etwa wohnt in einer Stadt, in der bei Weitem nicht alle Jugendlichen Mitglied einer Kirche sind, erst recht nicht der evangelischen Kirche. Rund ein Drittel der Menschen, die in Deutschland leben, gehören der christlichen Glaubensrichtung an, die Martin Luther begründet hat. Ein weiteres Drittel ist katholisch, gehört also zur anderen in Deutschland besonders großen christlichen »Konfession«, wie der Fachbegriff heißt. Das restliche Drittel sind

Menschen, die keiner Kirche angehören oder die einen anderen Glauben haben, also etwa Moslems.

Was Lisa eigentlich meint: Nicht alle in ihrer Stadt, sondern alle in ihrer Familie »machen es« oder »haben es gemacht«. Ihre Eltern und Groß-eltern sind konfirmiert, ihr älterer Bruder, ihre Patentante und ihr Onkel. Wobei Lisa auf etwas Interessantes stoßen könnte, wenn sie bei ihrem Onkel nachfragt, wie es mit ihm und der Kirche so ist. Denn der ist schon vor über 20 Jahren ausgetreten. Bei Lisas Konfirmationsgottesdienst war der Onkel trotzdem dabei und ist auch brav aufgestanden, wenn der Pfarrer sagte: »Lasst uns beten!«

Halten wir also fest: Konfirmiert worden bist du, weil es in deiner Familie so üblich ist. Babys werden getauft, größere Kinder werden konfirmiert. Für alle, die gefirmt worden sind, dürfen wir das Gleiche vermuten. Und das bedeutet: Wer getauft und konfirmiert (oder auch gefirmt) ist, der gehört dazu. Er gehört zu einer Gruppe, in diesem Fall zur Gruppe der Christen.

Aber es ist überhaupt nicht wichtig, wie die Gruppe heißt. Es geht ums Dazugehören. So sein wie andere, das ist für die meisten Menschen wich-tig, überall auf der Welt und schon seit ewigen Zeiten. Deswegen gibt es auch nicht wenige Kinder oder Jugendliche, die mit fünf Jahren, mit neun oder auch mit 13 sagen: »Ich bin nicht als Baby getauft worden, aber jetzt will auch ich bekommen, was die anderen haben: eine Taufe.« Teil einer Gruppe zu sein, gibt einem oft ein gutes, ein beruhigendes Ge-fühl. Und so ist es auch, wenn es darum geht, ob man sich konfirmieren oder firmen lässt. Es fühlt sich gut an, weil viele es tun. Wenn sich von

Endlich konfirmiert! (Oder: Endlich gefirmt!) Aber warum eigentlich?

29

15 evangelischen Schülern in einer Klasse 14 konfirmieren lassen, gehört ein bisschen Mut zum Außenseitertum dazu, der eine zu sein, der nicht mitmacht.

Meine Feier! Mein Geld!

Doch es gibt noch etwas ganz anderes, das angenehm, aber irgendwie auch komisch ist an der Konfirmation oder der Firmung. Reden wir übers Geld. Reden wir über die Party.

»Die Konfis wollen ihr Fest«, sagt Martina Steinkühler, die das Buch »Konfi Live« mitgeschrieben hat, das Kirchengemeinden bei der Vorbereitung auf die Konfirmation einsetzen sollen. Und Frau Steinkühler, die Theologie studiert hat, also »Glaubenswissenschaft« und einen Professorentitel trägt, findet das offensichtlich auch völlig in Ordnung. Denn sie weiß wohl: Die Konfirmation ist etwas anderes als ein Kindergeburtstag, auch etwas anderes als eine Geburtstagsparty, die 13- oder 14-Jährige feiern.

Bei der Konfirmation stehst du das erste Mal ganz anders im Mittelpunkt als bei einem Geburtstag oder an Weihnachten. Für deine Eltern ist klar: Da muss etwas Besonderes zum Anziehen besorgt werden. Für dich sowieso, aber vielleicht kauft sich bei der Gelegenheit auch deine Mutter ein neues Kleid, einen neuen Blouson. Für eine Geburtstagsparty ist das nicht üblich. Konfirmation heißt für die Eltern, dass sie ohne mit der Wimper zu zucken fürs Mittagessen und den Kuchen am Nachmittag Hunderte Euro ausgeben, vielleicht sogar weit über tausend Euro. Bei Geburtstagspartys werden sie das eher nicht machen.

Wenn zur Konfirmation eingeladen wird, reisen Verwandte und Freunde deiner Familie vielleicht Hunderte Kilometer an, putzen sich fein heraus, geben möglicherweise Geld aus, um in einem Hotel zu übernachten. Für eine Party zum 13. oder 14. Geburtstag wird das nicht geschehen.

Richtig schicke Schuhe – viele Mädchen bekommen die ersten zur Konfirmation oder Firmung.

Also: Die Konfirmation ist für Leute um dich herum ein Grund, mächtig großen Aufwand zu betreiben. Ganz allein deinetwegen. Und sie schenken dir etwas. Es gibt Konfirmanden, bei denen summieren sich die Geldgeschenke auf weit über tausend Euro, mindestens ein paar Hundert kommen eigentlich immer zusammen, auch in Familien, bei denen nicht so viel auf den Konten liegt. Dieses Geld behalten die, die es dir schenken, nicht für sich, sondern geben es dir. Meist tun sie das sogar gern. Das ist ein ziemlich gutes Gefühl, oder? Womit die Frage aber noch nicht beantwortet ist: Warum machen die anderen das? Was ist los mit denen?

Das I-Wort

Eine Antwort wäre: Die Menschen auf der ganzen Welt machen schon seit vielen Tausenden von Jahren eine große Sache daraus, wenn es darum geht, einem 13-, 14- oder 15-Jährigen zu sagen: »Du bist jetzt kein

Kind mehr. Du gehörst zwar noch nicht ganz zu den Erwachsenen. Aber zu den Kindern gehörst du eben auch nicht mehr. Und das wollen wir sichtbar zeigen.«

Von einem »Initiationsritus« spricht ein Jugend-Diakon aus München, wenn er von seiner Arbeit mit Konfirmanden redet. Er weiß, dass es in der Kirche heikel ist, die Konfirmation mit dem gleichzusetzen, was Menschen in Papua-Neuguinea oder Indianerstämme in Nordamerika früher mit den Jugendlichen ihrer Gemeinschaft gemacht haben oder heute noch machen. Aber Tatsache ist: Schon seit sehr langer Zeit und überall auf der Welt ist es üblich, dass zu jungen Menschen und über junge Menschen öffentlich gesagt wird: »Ihr seid jetzt keine Kinder mehr.« Das Fachwort dafür heißt »Initiation«, was so viel bedeutet wie »Einführung«. Wenn das immer auf gleiche oder ähnliche Weise geschieht, spricht man von einem »Ritus«. Beides zusammen ist dann der »Initiationsritus«.

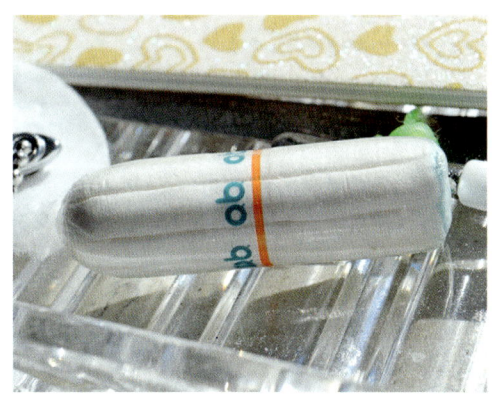

Ganz im Ernst: Das Ding da hat mit der Konfirmation zu tun.

Das Alter, in dem solche »Initiationsriten« stattfinden, wird dabei nicht zufällig gewählt. Es ist die Zeit, in der Mädchen erstmals ihre Regel bekommen. Die Zeit, in der bei Jungs die Barthaare langsam zu sprießen beginnen und anderes passiert.

Das klingt jetzt schon wieder ein bisschen peinlich, nicht wahr? Wenn *das* mit »Initiationsriten« zu tun haben soll, dann ist man ganz schnell bei einem anderen Wort: »Iiih.« Diesen Kram rund um den Körper möchtest du vielleicht lieber gleich mal wegschieben, und du fragst dich, ob dieses eigenartige Buch jetzt nicht reichlich abdriftet. Es sollte doch um Gedanken zu dem großen, besonderen Fest gehen. Zu dem Fest, das sich um die Kirche dreht, die ja wiederum mit den ganz, ganz großen Themen zu tun hat: Gott, Sünde, Tod, ewiges Leben, Hölle, Himmel. Und so weiter.

Und jetzt kommt dieses Buch dir plötzlich mit – bringen wir es auf den Punkt – blutigen Binden und Tampons (für die Mädchen) und nassen Schlafanzughosen (für die Jungs)? Das kann doch wohl nicht ernst gemeint sein!

Doch, das ist ernst gemeint. Denn es führt kein Weg daran vorbei: Es ist kein Zufall, dass die Konfirmation (und bei jungen Katholiken die Firmung) genau in die Zeit fällt, in der der Körper sich verändert. Bei den einen ist er schon weiter, bei den anderen ist er weniger weit. Kann sein, dass in deiner Konfi-Gruppe Mädchen waren, die sich mühelos bei »Germany's Next Top Model« bewerben könnten und die auch entsprechend aufgebrezelt zum Konfirmationsgottesdienst gegangen sind. Mit Spitzen-BH, dessen Träger man sah, als sie vor dem Altar standen, und allem Drum und Dran. Kann sein, dass gleichzeitig Mädchen oder Jungs dabei waren, die noch einen Kopf kleiner waren als andere und bei denen sich am Körper noch nicht viel tat.

So oder so, die Konfirmation oder die Firmung ist eine Art Trompetenfanfare, ein Tusch, ein Paukenschlag, mit dem gesagt wird: Mit der Kindheit ist es jetzt langsam mal vorbei. Das Blöde ist: Von einem Tag auf den anderen ist es natürlich nicht vorbei mit dem Kindsein. Und vielleicht möch-

Endlich konfirmiert! (Oder: Endlich gefirmt!) Aber warum eigentlich?

33

test du ja auch vieles von dem weiter-
machen, was du als Kind gemacht hast
und was ältere Jugendliche und Erwachsene eher nicht machen: etwas
aus Legos bauen. Mit Puppen oder Ac-
tionfiguren hantieren. Am Computer
Sachen spielen, über die deine Eltern
den Kopf schütteln.

Also, fassen wir zusammen: Konfirmation oder Firmung ist etwas, das
mit dem Erwachsenwerden zu tun
hat. Und gerade mit dem Erwachsen-

Darf man als Konfi noch spielen?
Vielleicht sogar mit Pfarrerfiguren?

werden des Körpers. So erklärt sich übrigens auch, dass viele Familien in
Deutschland, die mit Kirche gar nichts anfangen können, eine Art »nicht-
kirchliche Konfirmation« feiern: die Jugendweihe. Die hatte ihre große
Zeit in den vier Jahrzehnten, in denen Ostdeutschland »DDR« hieß und
von Leuten regiert wurde, die es am liebsten gesehen hätten, wenn es gar
keine Kirchen gäbe. Aber die Idee, die hinter der evangelischen Konfirmation und der katholischen Firmung steckt, haben die Herrschenden in
der DDR dann doch ganz gern aufgegriffen. Es gibt auch eine Art Mittel-
ding zwischen Jugendweihe und Konfirmation – manche laden zum »Le-
benswende-Fest« ein. So oder so: Es gibt viele Familien, die da irgendetwas feiern möchten.

Man kann also der Ansicht sein, die Konfirmation, die Firmung ist die
christliche Form eines »Initiationsritus«, also ein für alle sichtbares Ende
der reinen Kinderzeit deines Lebens. Die meisten Kirchenleute stellen

Für die Jugendweihe gilt das Gleiche wir für Konfirmation und Firmung: Es muss ordentlich was zu essen geben.

das allerdings üblicherweise ein bisschen anders dar. Im Wort »Konfirmation« steckt ja schon drin, worum es – aus Sicht der Kirche – gehen soll: Du sollst deinen Glauben bekräftigen, auf Lateinisch heißt das »confirmare«. Das wirst du schon mal gehört haben. Auch junge Katholiken sollen im Glauben gefestigt, also »firm« werden.

Damit gehen die Probleme aber nun richtig los. Denn die Schwelle vom Kind Richtung Erwachsener zu überschreiten, mit blutigen Tampons bzw. nassen Schlafanzughosen (gut, gut, wir hören ja schon wieder auf damit …) – diese Schwelle zu überschreiten, ist am Ende gar nicht so schwer. Das geht ja eigentlich ganz von selbst. Man muss als Jugendlicher nicht darüber nachgrübeln, ob einem Haare unter den Achseln oder sonstwo wachsen sollen. Das passiert einfach. Die Natur macht dich zu einem erwachsenen Menschen. Und rund um den 13. oder 14. Geburtstag kann man das mit einem großen Fest, einem »Initiationsritus«, auch mal feiern. Das geht so weit in Ordnung.

Wie glaubt ein Erwachsener?

Das Problem liegt woanders. Die Kirche will, dass du nicht nur einen erwachsenen Körper bekommst, sondern dass du jetzt ein erwachsener Gläubiger bist. Einer, der keinen reinen »Kinderglauben« mehr hat. Eine mün-

Endlich konfirmiert! (Oder: Endlich gefirmt!) Aber warum eigentlich?

35

dige Christin, ein mündiger Christ, der eine Entscheidung für den Glauben trifft, sollst du sein. Was für hochtrabende Worte! Aber darum geht es. Und damit fühlst du dich irgendwie unwohl. Es lohnt sich also mal zu überlegen, warum. Und ob es einen guten Ausweg aus dem Unwohlsein gibt.

Eines gleich vorab: Einen wirklich simplen Ausweg aus diesem Unwohlsein gibt es natürlich. Du kannst einfach sagen: »Ist mir alles wurscht. Ich hatte meine Party. Ich habe das Geld. Und wenn ich 18 oder 28 bin, trete ich sowieso aus der Kirche aus.« Diesen Ausweg aus dem Unwohlsein kannst du nehmen. Nur ist die Wahrscheinlichkeit hoch, dass dir doch irgendwann mal ein paar Fragen kommen, mit denen sich Menschen seit Jahrtausenden herumschlagen und über die ihr in der Konfi- oder Firmlings-Gruppe sicher auch immer wieder geredet habt. Fragen, von denen die Kirche sagt, dass du von ihr Antworten bekommen kannst, wie etwa:

- Was passiert, wenn ich sterbe?
- Was ist der Sinn des Lebens?
- Was ist gut, was ist böse?
- Was heißt denn »glauben«?

Diese Fragen werden dich immer wieder einholen. Doch bevor du überlegst, wie gut die Antworten sind, die die Kirchen hier zu bieten haben, musst du erst mal das vielleicht größte Problem aufgreifen, das du damit hast, jetzt ein »mündiger Christ« sein zu sollen. Welches Problem? Dieses: Wenn du ehrlich bist, kannst du ganz viel von dem, was du zum Beispiel beim Glaubensbekenntnis mitsprechen sollst, eben so gar nicht richtig glauben. Geh es mal Schritt für Schritt durch. Traust du dich?

4

DAS SOLL ICH GLAUBEN?

Schau dir mal das Glaubensbekenntnis etwas näher an, das du schon ein paar Mal aufgesagt, vorgelesen, mitgemurmelt hast. Schließlich hat man dir erklärt, du solltest es von vorne bis hinten können. Beim Auswendiglernen wirst du allerdings mindestens drei Probleme gehabt haben, vielleicht auch mehr.

Das erste Problem: Der Text ist ziemlich sperrig. Kein Reim, kein logischer Ablauf, komische Sprache. Das zweite Problem: Vieles in diesem Text verstehst du einfach nicht. Das dritte Problem: Es geht zwar los mit den Worten »Ich glaube«, aber das meiste glaubst du nicht. Zumindest nicht so, wie es da wörtlich steht.

Und du hast dich vielleicht schon gefragt: Ist es dann nicht eigentlich Heuchelei (oder in den Worten mancher Kirchenleute: eine Sünde), wenn du sagst, du glaubst etwas, das du gar nicht glaubst?

Geh es mal Stück für Stück durch:

Ich glaube an Gott, den Vater,	Ist Gott wirklich ein Vater, also ein Mann? Mit allem Drum und Dran?
den Allmächtigen,	Wenn er allmächtig ist, warum tut er nichts gegen all die Schrecklichkeiten, die auf der Welt passieren?
den Schöpfer des Himmels und der Erde.	Im Schulunterricht heißt es aber doch, es gab den Urknall, die Evolution, Dinosaurier, Urmenschen, Steinzeitmenschen.
Und an Jesus Christus, seinen eingeborenen Sohn,	»Eingeboren«, was für ein seltsames Wort. So wie die »Eingeborenen« in Afrika? Ach ja, das heißt so viel wie »einziger« – aber kann man das dann nicht auch so sagen?
unsern Herrn,	Als »Herr« wird doch jeder erwachsene Mann angeredet.
empfangen durch den Heiligen Geist,	»Empfangen« – heißt das nicht eigentlich so was wie »ein Kind machen«? Und gibt es irgendjemanden auf der Welt, der einem erklären kann, was dieser »Heilige Geist« ist?
geboren von der Jungfrau Maria,	Als Jungfrau (also vor dem ersten Sex …) Mutter werden, das geht doch gar nicht, heißt es im Bio-Unterricht. Und Jesus hatte Brüder? Sind die auch ohne Sex gezeugt worden?
gelitten unter Pontius Pilatus, gekreuzigt, gestorben und begraben,	Das kann man ausnahmsweise mal verstehen.

hinabgestiegen in das Reich des Todes,	Soll das »Reich des Todes« wirklich unter der Erde sein? Irgendwelche Grusel-Höhlen, in die man runtersteigt?
am dritten Tage auferstanden von den Toten, aufgefahren in den Himmel;	Wo war die Fahrt in den Himmel eigentlich zu Ende?
er sitzt zur Rechten Gottes, des allmächtigen Vaters; von dort wird er kommen, zu richten die Lebenden und die Toten.	Gibt es dann wirklich irgendwann eine Art Gerichtsverhandlung? Über Milliarden von Leuten?
Ich glaube an den Heiligen Geist,	Noch mal: Was ist denn dieser »Heilige Geist«? Wie soll man an ihn glauben, wenn man das nicht weiß?
die heilige christliche Kirche, Gemeinschaft der Heiligen,	Der Verein soll heilig sein? Und alle, die da mitmachen, sollen Heilige sein?
Vergebung der Sünden,	Was ist eigentlich eine Sünde?
und das ewige Leben.	Und was macht man so, wenn man ewig lebt, den Rest der Ewigkeit?
Amen.	Mit diesem Wort ist immer etwas zu Ende, aber was heißt es eigentlich?

Wie sieht er aus, der Gott, an den du glauben sollst?

Wenn es heißt, »ich glaube an Gott«, dann fragst du dich also inzwischen: »Wer ist er denn, dieser Gott?« Vielleicht fragst du dich auch: »Wie sieht er aus?« Und dann bist du ganz schnell dabei, dir zu sagen: »Jetzt lieber nicht mehr weiterdenken.«

Doch keine Angst, es tut nicht weh, weiterzudenken. Die Zeiten, in denen einem viele der Fragen, die du oben lesen kannst, ziemlich viel Ärger eingebracht hätten, sind vorbei. Wenn man es ganz grob treibt, kann man zwar auch in Deutschland immer noch wegen der »Beschimpfung von Bekenntnissen« bestraft werden. Aber wer einfach mal die Gedanken schweifen lässt, der muss hierzulande keine Sorgen haben, dass er wegen Blasphemie, also »Gotteslästerung« vor Gericht kommt. Früher war das anders. Vor einigen Jahrhunderten hat besonders die römisch-katholische Kirche sogenannte »Ketzer« oder »Häretiker« gnadenlos verfolgt, sie mitunter sogar auf dem Scheiterhaufen verbrennen lassen.

Wenn Kinder Gott malen, kann er so aussehen.

Wie sieht also Gott aus? Die Leute, die in früheren Jahrhunderten Kirchen ausgemalt haben, hatten es mit einer Antwort auf diese Frage noch leicht. Sie pinselten Gott als Menschen. Um genau zu sein, als alten Mann. Dafür hatten sie ein gutes Argument. Es heißt ja in der Bibel: »Und Gott schuf den Menschen zu seinem Bilde, zum Bilde Gottes schuf er ihn.« Und wenn der Mensch aussieht wie Gott, dann muss Gott so aussehen wie ein Mensch, logisch. Als der italienische Künstler Michelangelo Buonarroti vor über 500 Jahren in einem Bild den Moment wiedergegeben hat, in dem Gott den Menschen erschafft, hat er in genau dieser Logik gedacht. In der wohl bekanntesten Darstellung des christlichen Gottes am Sitz des Papstes in Rom ist der Allmächtige ein alter europäischer Mann mit langem Bart.

Dass Gott – nach der Bibel – wie ein Mensch aussieht, darauf können sich auch sechs- oder siebenjährige Kinder berufen, wenn sie ihn als blasshäutigen Mann mit Bart malen. Wobei sich solche Kinder fragen lassen müssten: Warum soll Gott eigentlich aussehen wie ein 70- oder 80-Jähriger? Warum nicht wie ein 20-Jähriger? Heißt das, Gott war mal ein Kind, ein Jugendlicher, und wurde immer älter, bis er einen Bart und schließlich graue Haare bekam? Und warum ist Gott ein Mann und keine Frau? Frauen sind ja wohl auch Menschen.

Und wenn Gott wie ein Mensch aussieht, warum schaut er dann aus wie ein Europäer und nicht wie ein Afrikaner oder wie ein Asiate? Egal, ob jemand deutsche Eltern hat, kongolesische oder chinesische, ein Mensch ist er ja immer.

Sieht Gott vielleicht so aus?

In evangelischen Kirchen werden solche Fragen meist nicht aufgeworfen, dort sind Bilder von Gottvater eher nicht zu finden. Wenige Jahre, nachdem der Künstler Michelangelo seinen weißhaarigen und langbärtigen Gott malte, startete Martin Luther seinen Protest gegen vieles, was in der christlichen Kirche bis dahin galt. Luther hielt nicht viel davon, den christlichen Glauben mit Bildern eines Allmächtigen zu illustrieren. In der evangelischen Kirche ist das bis heute so. Wenn du einen evangelischen Pfarrer fragst: »Wie sieht Gott aus?«, wird er möglicherweise eine ausweichende Antwort geben. Oder er sagt vielleicht: »Gott siehst du in seinen Werken«. Das könnte man ebenso von manchem katholischen Priester hören. Auch Katholiken würden heute nicht mehr Bilder von Gott als altem Mann in ein neues Kirchengebäude malen oder hängen. Das hat in den Augen der meisten Katholiken ebenfalls etwas von »Kinderglauben« an sich. »Gott ist sichtbar in dem, was er tut« – das ist eine Aussage, auf die sich die großen christlichen Konfessionen aber wohl einigen könnten.

Warum lässt er das zu?

Wenn du in der Frühlingssonne über eine blühende Wiese rennst, im Sommer beim Baden durch die Wellen hechtest oder im Winter einen verschneiten Hang herunterrauschst, wirst du vielleicht auch sagen: Wenn Berge, Seen, Wiesen Gottes Werk sind, dann hat er das gut gemacht. Mit dieser Schöpfung schaut er prächtig aus. Der Allmächtige hat seine Allmacht gut eingesetzt.

Kindergräber auf einem Münchner Friedhof: Warum lässt Gott das zu?

Wenn du aber Bilder von Kindern siehst, die in Afrika verhungern, von Familien hörst, die in Syrien oder dem Kongo vor dem Krieg fliehen müssen, wenn du von den Millionen von Menschen liest, die durch Gewalt sterben, dann wirst du vielleicht sagen: Hier hat er ein hässliches Gesicht, dieser Gott. Warum setzt er seine Allmacht nicht ein, um das Leid zu beenden?

Bei allen diesen Beispielen kann man einwenden: Wenn Kinder verhungern, Menschen in Kriegen sterben, zu Tode gefoltert werden, dann stecken da erst einmal andere Menschen dahinter. Das ist nicht die Verantwortung Gottes. Dahinter stecken Menschen, die Böses tun. Oder Menschen, die nicht genug unternehmen, um das Böse zu verhindern.

Ganz am Anfang hat Gott die Menschen im Paradies ja ohne Leid leben lassen, heißt es in der Bibel. Doch die Menschen wollten die Möglichkeit haben, Gutes wie auch Böses zu tun, Schönes wie auch Hässliches zu erleben. Das steckt dahinter, wenn in der Bibel zu lesen ist, Adam und Eva hätten eine Baumfrucht gegessen, die sie wissen ließ, »was gut und böse ist«. Gott hatte ihnen – laut der Bibel – verboten, diese Frucht zu essen. Dass sie es dennoch taten, war die erste Sünde der Menschheit. Und weil die Menschen sündig sind, müssen sie leiden – so heißt es im Christentum seit zwei Jahrtausenden.

Spätestens aber, wenn man am Grab eines Zehnjährigen steht, der an einem Gehirntumor gestorben ist, oder bei der Beerdigung eines 20-Jährigen dabei ist, den ein Herzfehler getötet hat, fragt man sich: Und wer trägt hierfür die Verantwortung, wenn nicht Gott? Dahinter steckt doch kein böser Mensch. Das ist doch nun wirklich ein scheußliches Gesicht, das Gott einem da zeigt. Die »Sünde«, die Adam und Eva vor Ewigkeiten begangen haben sollen, ist der Grund dafür, dass heute Kinder an Krebs oder Herzkrankheiten sterben, von Mördern umgebracht werden?

Das Glaubensbekenntnis ist also gespickt mit Sachen, die dir fremd vorkommen, unverständlich. Das gilt nicht nur für die Allmacht Gottes oder die Sünde, sondern auch für das »Reich des Todes«, von dem aus Jesus in den Himmel gefahren sein soll. Und natürlich der Heilige Geist oder Maria, die Mutter wurde, obwohl sie Jungfrau war – was hat das zu bedeuten?

Es gibt inzwischen eine ganze Reihe »modernder Glaubensbekenntnisse«. Sie sollen mehr nach dem heutigen Leben klingen, in moderner Sprache. Da heißt es dann zum Beispiel: »*Ich glaube an Gott, der die Welt durch die Evolution erschaffen hat, der den Menschen die Freiheit gibt, die Schöpfung zu bewahren oder zu zerstören.*« Oder man kann lesen: »*Ich glaube, dass ich nie allein bin, denn Gott interessiert sich für mich.*«

Aber solche »modernen Glaubensbekenntnisse« stellen auch nicht jeden auf Anhieb zufrieden. Gott interessiert sich also für die Zehnjährigen, die an Leukämie sterben – aber dennoch rettet er sie nicht. Und solche Glaubensbekenntnisse werfen eine neue Frage auf: Kann jeder sich seinen eigenen Glauben basteln? Was ist dann eigentlich Kirche? Und warum gibt es Menschen, die von sich sagen: »Ich bin Christ«? Wozu braucht man überhaupt Glaubensbekenntnisse? Wozu braucht man Kirche?

5

KIRCHEN, CHRISTEN, GLÄUBIGE – WARUM GIBT'S DIE EIGENTLICH?

Muss es Kirchen geben? Klare Antwort: nein. Im Gegenteil: Eigentlich passen die christlichen Kirchen nicht besonders gut in unsere Zeit. Ihre Sprache ist sperrig, oft muffig, geradezu ranzig. Nicht nur das, was im Glaubensbekenntnis steht, passt so gar nicht in das Bild von der Welt, wie wir es uns heute machen. Auch vieles andere, was in der Bibel oder in anderen Schriften der Kirchen zu lesen ist, kann einem erst einmal ziemlich schräg vorkommen.

Viele Menschen ziehen daraus einen einfachen Schluss: Alles, was mit Kirche, mit der Bibel zu tun hat, haben sich irgendwelche Leute irgendwann ausgedacht, ist aber letztlich verstaubter Unsinn. Wirre Gedanken, die sich irgendwelche Hirten und Viehzüchter im heutigen Israel vor ein paar Tausend Jahren gemacht haben. In Wirklichkeit gibt es gar keinen Gott. Es gibt die Natur, und zwar *nur* die Natur. Und es gibt das, was der Mensch aus der Natur macht. Mehr aber nicht.

Diese Sicht auf die Welt kann vieles erklären, was vor 500, 1000 oder 2000 Jahren noch unverstehbar schien oder sich nur mit einer höheren Macht erklären ließ. Menschen, die nichts von Elektrizität wussten, konnten bei einem Gewitter nicht denken: »Aha, da entlädt sich mal wieder elektrische Spannung zwischen den Luftteilchen in der Atmosphäre!« Sie stellten sich ein höheres Wesen vor, das Blitze schleudert.

Dieses Trafohäuschen gehört zu einem Gotteshaus. Um Elektrizität oder Blitze zu erklären, braucht man heute aber keinen Glauben mehr.

Heute lernen schon Grundschüler, wie sich Erdbeben, Gewitter, die Entstehung der verschiedenen Tierarten und auch des Menschen naturwissenschaftlich erklären lassen. Und die Naturwissenschaften versprechen: Sie können schon heute auf sehr viele Fragen Antworten geben, und dort, wo Antworten jetzt noch fehlen, wollen die Forscher sie bald finden.

»Alles wissenschaftlich verstehbar« – Wer die Welt so sieht, der hat zunächst mal einen Vorteil. Er kann etwa die Sache mit dem Leid erklären. Er kann sagen, zur Natur gehört es, dass Erdbeben, Stürme, Krankheiten Lebewesen töten, auch Menschen. Die Natur hat keinen Willen, keine Gefühle. Also kann sie auch nicht grausam sein. Es ist der Mensch, der etwas als grausam empfindet, was eigentlich erst einmal völlig neutral ist. Die Natur kennt auch keine Sünde. Der Mensch muss es aushalten, was die Natur anstellt und was andere Menschen anrichten.

Wer so denkt, wird oft als »Atheist« bezeichnet, also als jemand, der ausdrücklich sagt: »Es gibt keinen Gott.« Es gibt auch den Begriff »Agnostiker«, er bedeutet, dass jemand sagt: »Ich weiß nicht, ob es Gott gibt.« Oft fügen Agnostiker hinzu: »Ich kann jedenfalls keinen Gott erkennen. Aber das ist eigentlich auch egal, denn Gott hat keine Bedeutung für mein Leben.« Als Atheist oder Agnostiker muss man keineswegs kühl und gefühllos über die Welt, die Natur reden. Man kann sagen, das Leben hält vieles bereit, was Menschen als schön empfinden: Wiesen, Wälder, Seen oder den Sternenhimmel. Aber ohne Gott ist alles viel einfacher zu erklären, sagen Atheisten und Agnostiker. Das Schöne wie das Hässliche.

Wenn man so denkt, ist das Leid nicht weg. Aber es gibt eine Erklärung dafür: Leid existiert eben. Es gehört zur Natur, zum Leben. Zum Leben eines Rehs, das sich im Wald ein Bein bricht, gehört Schmerz genauso dazu wie zum Leben eines Menschen, der das gleiche Pech hat: Beinbruch. Das ist die agnostische, die atheistische Sicht.

Atheisten werben für eine Welt ohne Religion.

Und was sagt die Kirche dazu?

Wer zu einer christlichen Kirche gehört, kann eine solche Antwort eigentlich nicht geben. Er beteuert ja immer wieder, wenn er das Glaubensbekenntnis mitmurmelt: »Ich glaube an Gott.« Also muss er eine Antwort suchen, wie es sein kann, dass der Allmächtige seine Macht nicht nutzt, um Leid zu verhindern. Für die Suche nach Antworten auf diese Frage gibt es einen eigenen, ziemlich hochtrabend klingenden griechischen Begriff: »Theodizee.«

Dieses Wort heißt übersetzt so viel wie »Recht Gottes«. Es sind ganze Bibliotheken darüber vollgeschrieben worden. Man muss aber keine Tausende Bücher lesen, um zu verstehen, worauf es hinausläuft.

Wenn du einen Pfarrer fragst, wie ein allmächtiger Gott so viel Leid zulassen kann, wird er wahrscheinlich etwas in dieser Richtung antworten: »Gott lässt Leid zu. Wir können nicht wirklich verstehen, warum das so ist. Verstehen wollen ist daher der falsche Weg. Aber eines ist sicher: Gott verspricht uns auch Erlösung von diesem Leid. Und weil sein eigener Sohn, Jesus, vor seinem Tod am Kreuz entsetzlich gelitten hat, weiß Gott, was Leid ist. Wenn du ihn darum bittest, leidet er mit dir. Und dadurch wird dein eigenes Leid leichter zu ertragen sein.«

Und dann wird der Pfarrer vielleicht noch hinzufügen: »Wir sollten nicht vergessen: Als Menschen verhalten wir uns immer wieder falsch. Wir begehen Sünden, wenn man dieses Wort verwenden möchte. An einem großen Teil des Leids auf der Welt sind also die Menschen selbst schuld. Sie können aber nach Gott suchen und dadurch wird es weniger Leid auf der Welt geben.« Das wäre eine typische Pfarrersantwort.

Bist du mit einer solchen Pfarrersantwort zufrieden? Nein? Das ist verständlich. Denn sie ist verdammt schwer zu akzeptieren. Und dann ist da noch die andere große Frage: Was ist nach dem Tod? In früheren Jahrhunderten haben sich Christen das ganz genau ausgemalt. Die einen, die Guten, kommen in den Himmel, hieß es. Die anderen, die Bösen, kommen in die Hölle. Heute geben die meisten Pfarrer da andere Antworten, die weniger konkret sind. In dem Buch »Das kannst du glauben«, das im Untertitel stehen hat: »Texte für Konfis und Konfirmierte«, heißt es: »Wer glaubt, lebt in der Erwartung, dass noch etwas kommt.« Was da noch

kommt, beschreibt das Buch nicht genauer. Jedenfalls ist nicht die Rede davon, dass Tote irgendwann mit Haut und Haaren aus ihren Gräbern steigen, als ob sie nie gestorben und verwest wären. Das ist, was sich Christen früherer Zeiten erhofft haben.

In früheren Zeiten hofften Christen fest darauf, dass die Toten eines Tages aus ihren Gräbern steigen.

Wenn du über einen Friedhof läufst, wirst du nicht ernsthaft glauben, dass an all die Knochen, die dort liegen, irgendwann einmal auf wundersame Weise wieder Fleisch und Blut gepappt wird und die Verstorbenen an die Oberfläche steigen. Zumal das die Frage offenlässt, was mit all jenen ist, deren Leichname verbrannt wurden. Bei der sogenannten Feuerbestattung bleibt vom Körper eines Toten nichts als Asche. Die wird dann üblicherweise in einer Urne in die Erde eines Friedhofs versenkt. Weil das den Gedanken an die »Auferstehung der Toten« noch schwerer macht, von der im Glaubensbekenntnis die Rede ist, haben die christlichen Kirchen die Feuerbestattung viele Jahrhunderte lang für ihre Gläubigen verboten.

Es ist also unglaublich schwer, nur mit Vernunft über die Aussage nachzudenken, »dass da noch etwas kommt«. Vielleicht hast du aber noch ein ganz anderes Problem mit so einem Satz. Dass hinter dem Horizont, den man im Leben gerade sehen kann, noch etwas anderes liegt, das mag für 74-Jährige oder 84-Jährige wichtig sein. Denn deren Horizont ist der Tod. Aber spielt der für dich eine Rolle? Wer die Konfirmation oder Firmung noch nicht lange hinter sich hat, ist in einem Alter, in dem er nicht *glauben* muss, dass noch etwas kommt. Du bist so jung, dass du sicher *weißt*, dass noch jede Menge kommt: weitere Schuljahre, viele Reisen, neue Freunde, große Liebe hoffentlich. Vielleicht eine Lehre, Uni, Beruf, eine eigene Familie – unglaublich viele Sachen liegen in deinem Leben noch vor dir.

Und wichtig ist für dich einfach nur, dass das alles gut läuft. Dass du halbwegs erfolgreich in der Schule bist, dass du nicht als hässlich giltst, dass du später mal Geld verdienst, damit du dir etwas leisten kannst. Das sind die Fragen, die dich bewegen, wenn es darum geht, »dass noch etwas kommt«. Was jenseits der Grenze deines Lebens dann auch noch kommen könnte, also nach dem Tod, interessiert dich an den allermeisten Tagen überhaupt nicht. Warum also so einen großen Zinnober darum machen, wie die Kirchen es tun? Für all das, was dir gerade wichtig ist, brauchst du keinen Gott. Und keine Ewigkeit. Oder?

Sterben – gibt's das überhaupt?

Wenn du dich fragst, warum sich in den christlichen Kirchen und auch in anderen Religionen so furchtbar viel um den Tod dreht, musst du dir eines klarmachen: Je älter Menschen werden, desto mehr wird der Tod wichtig in ihrem Leben. Und du solltest nicht vergessen: Der Tod gehörte früher in einem Ausmaß zum Alltag auch von Kindern und Jugendlichen dazu, das du dir wahrscheinlich gar nicht vorstellen kannst. Wer heute in Deutschland 13, 14 oder 15 Jahre alt ist, hat meist noch keine Leiche gesehen, außer auf Bildern. In früheren Jahrhunderten hingegen war es völlig normal, dass man als Jugendlicher miterlebt hat, wie kleinere Geschwister starben, Großeltern, Onkel, Tanten, Eltern. Die beendeten ihr Leben nicht mit 85 Jahren in irgendeinem entfernten Krankenhaus oder Altenheim. Die starben in der Wohnung, in der die ganze Familie lebte.

Dort wurde dann an der Leiche des Toten, am offenen Sarg, getrauert. Wenn du vor 500 oder 400 Jahren geboren worden wärest, hättest du wahrscheinlich schon mehr als einmal das Gesicht eines Toten gesehen. Und in den schlimmsten Zeiten der Vergangenheit, etwa wenn tödliche Krankheiten wie Pest oder Cholera wüteten,

Bilder aus früheren Jahrhunderten zeigen oft den Tod.

lagen auch in europäischen Städten Tote einfach auf den Straßen herum – so, wie man es heute höchstens über die ärmsten Länder Afrikas oder Asiens hört. Das ist in Deutschland, Österreich oder der Schweiz völlig unvorstellbar geworden. Früher aber zeigte der Tod hier den Menschen, auch den Jugendlichen, genau so immer wieder sein erschreckendes Gesicht im Alltag. Er hat ihnen das Nachdenken über das »Danach« geradezu aufgezwungen.

Heute ist der Tod unsichtbar geworden. Und daher wirkt es auf dich vielleicht irgendwie skurril, dass der christliche Glaube so viel um den Gedanken an den Tod kreist. Wenn du aber in die Geschichte der Menschen und ihrer Kirchen schaust, verstehst du dieses Kreisen um den Tod besser.

Wer hat die bessere Antwort?

Für die Kirchen ist es also wichtig, eine Antwort auf die Frage zu geben: »Was ist mit mir, wenn ich tot bin?« Und ihre Antwort lautet: »Da kommt noch etwas, auch wenn wir nicht genau sagen können, wie das aussieht.« Auf diese Weise wollen die Kirchen den Menschen das geben, was man Trost nennt. Trost für die, die Angst vorm Sterben haben. Trost für die, die einen Verwandten oder einen Freund verloren haben. Trost für die, die an einer schweren, vielleicht tödlichen Krankheit leiden. Die Kirchen fügen oft noch hinzu: »Jenseits« bedeute nicht nur »jenseits der Grenze, die der Tod zieht«. »Jenseits« sei vor allem ein Gegensatz zum »Diesseits«, also zur Welt, in der der Mensch seinen ganz normalen Alltag lebt, kann man von Kirchenleuten hören. Auf die Frage, warum es in dem, was sich »Diesseits« nennt, Leid gibt, geben die Kirchen die Antwort: »Wichtiger als die Frage, warum Gott Leid zulässt, ist es, zu erkennen, dass Gott mit dir leidet, dass er dich tröstet.«

Wenn du mit solchen Kirchen-Antworten, Pfarrer-Antworten nicht zufrieden bist, stellt sich die Frage, ob dir andere Antworten mehr bringen. Auf die Frage nach dem Leid kann man ja auch die atheistische oder agnostische Antwort geben: »Leid gibt es eben, das ist so in der Natur.« Doch noch einmal: Ist dir das genug?

Und wie sieht es mit der Antwort auf die Frage nach dem Danach aus? Man kann ja sagen: »Wenn ein Hund stirbt, gibt es ihn hinterher höchstens noch als Erinnerung der Leute, die ihn gernhatten. Wenn ein namenloser Fisch im Meer stirbt, gibt es von ihm hinterher gar nichts mehr, außer die Atome, aus denen er sich mal zusammengesetzt hat. Das Gleiche gilt für Menschen. Vielleicht bleibt eine Zeitlang die Erinnerung an sie, vielleicht auch nicht. Die allermeisten sind spätestens in ein paar Jahrzehnten vergessen, von ihnen bleibt nichts, überhaupt nichts.« Stellt dich so eine Antwort zufrieden?

Wahrscheinlich auch nicht. Zumindest dann nicht, wenn du länger darüber nachdenkst. Wenn dir das nicht genügt, bist du nicht allein. Mit der Antwort »Wir kommen aus dem Nichts, wir gehen ins Nichts« sind viele Menschen seit Jahrtausenden nicht zufrieden. Sie wollen daran glauben, darauf vertrauen, dass da mehr ist als nur der Satz »Es gibt, was es gibt – und wenn es dich nicht mehr gibt, dann gibt es dich nicht mehr.«

Und seit Jahrtausenden stellen sich Menschen noch ein paar andere Fragen:

- Warum gibt es etwas, warum existiert die Welt?
- Wo war ich, bevor ich geboren wurde?
- Was ist böse, was ist gut?

Du hast sicher selbst schon über diese Fragen nachgedacht. Und du wirst gemerkt haben, mit Nachdenken stößt du schnell an Grenzen. Auch damit bist du nicht allein. Das geht Menschen seit vielen Tausend Jahren so, auf der ganzen Welt. Ein Ausweg, um die Grenze des Denkens doch zu überwinden, besteht darin, auf solche Fragen mit »Gott« zu antworten.

Kirche – das ist also, wenn man so möchte, eine Gruppe von Menschen, die gemeinsam sagt: »Mit alleine Nachdenken kommen wir irgendwann nicht mehr weiter, wenn es um die ganz großen Fragen geht. Wir kommen mit *Nachdenken* nicht weiter. Und wir kommen *alleine* nicht weiter.«

Im Prinzip ist die Antwort auf die Frage, warum es Kirche gibt und was Kirche ist, also gar nicht schwer. Es gibt Kirche, weil Menschen immer wieder Antworten auf Fragen suchen, die darüber hinausgehen, sich zu überlegen: »Was ziehe ich heute an? Was mache ich nächstes Wochenende? Wohin fahre ich im Sommer?«

Die buddhistischen Glaubensgemeinschaften gibt es, weil vor zweieinhalbtausend Jahren jemand, der später Buddha genannt wurde, Antworten auf solche Fragen gab, die viele Menschen überzeugend fanden und finden. Die islamischen Glaubensgemeinschaften gibt es, weil vor etwa eineinhalbtausend Jahren jemand namens Mohammed Antworten gab, die vielen als das Wort Gottes gelten. Die christlichen Glaubensgemeinschaften gibt es, weil vor rund zweitausend Jahren jemand namens Jesus von Nazareth Antworten gab, die in den Augen vieler Menschen eine direkte Botschaft Gottes sind.

Am Ende des Verstandes

Damit ist die Liste der Religionen lange nicht zu Ende. Sie haben alle eines gemeinsam: Ihre Antworten auf die großen Fragen sind nicht einfach, bei keiner Religion. Zumindest sind sie es nicht, wenn man anfängt, auch nur ein kleines bisschen nachzudenken. Das auszuhalten ist leichter, wenn man sich Sachen sucht, die von vorneherein klarmachen: Jetzt geht es nicht mehr ums vernunftmäßige Suchen nach Antworten. Jetzt geht es um etwas ganz anderes: Andacht, Gottesdienst, Beten, Heiliges.

Der Witz an einem Kirchengebäude ist ja, dass dort etwas anders ist als an anderen Orten. Eine Kirche ist kein Platz, an dem irgendjemand seine Lieblingsbilder aufgehängt hat – sondern es ist ein Raum, den Gläubige mit ganz besonderen Bildern und Symbolen schmücken. Mit denen wollen sie klarmachen: Hier geht's nicht ums Denken, sondern ums Glauben. Kirche ist der Ort, wo nicht (wie etwa in der Schule) irgendein elektrisches Geklingel klarmacht: »Jetzt geht's los«, sondern Kirche ist dort, wo Glocken läuten. Auch das Gebäude selbst soll etwas Besonderes sein. Manche moderne Kirche sieht zwar von außen ein bisschen wie ein Parkhaus aus. Aber wenn du siehst, dass jemand gegen eine Kirchenmauer pinkelt, dann findest du das störender, als wenn jemand sich an einer Garagenwand erleichtert. Denn ein Kirchenbau ist eben irgendwie anders. Das Gleiche gilt für die Kirchenmenschen. Nicht jeder, der gerade etwas Kluges oder Tröstendes sagt, hat dieses Besondere, das Kirchenleute haben können. Das hat vor allem derjenige, der in bestimmten Momenten einen Talar anhat.

Man könnte sich natürlich auch alles ganz anders vorstellen. Man könnte auch sagen: »Ich will schon an etwas glauben, aber dazu brauche ich keine Kirche.« Man könnte sagen: »Ich bekenne meinen Glauben, indem ich mich an einem schönen Frühlingstag darüber freue, wie herrlich das Leben ist.« Man könnte sagen: »Ich bete nicht, wenn meine Großmutter krank ist. Sondern ich denke an sie und trage auf diese Weise vielleicht dazu bei, dass sie wieder gesund wird.« Man könnte sagen, das Gruselige, das im Gedanken an den Tod manchmal steckt, bekämpft man, indem man mit anderen drüber redet. So könnte man es machen, so könnten es die Menschen schon seit Jahrtausenden machen. Aber irgendwie genügt ihnen das nicht. Menschen wollen etwas anderes, schon seit langer Zeit.

Und darin liegt ein großer Teil der Erklärung, warum sich vieles so komisch anfühlt in der Kirche. Sie ist alt. Sehr alt. Und sie hat eine durch und durch widersprüchliche Geschichte. Alles, was an der Kirche besonders merkwürdig ist, stammt aus einer ganz anderen Zeit. Das ist die große Stärke der christlichen Kirchen, der evangelischen wie auch der katholischen. Das ist aber auch ihr großes Problem. Und diese Merkwürdigkeiten könnten ein wichtiger Grund für das Problem sein, das du mit den christlichen Kirchen hast. Doch es kann sich lohnen, dieses Problem noch etwas genauer anzuschauen.

6

IST GOTT EIN DIKTATOR?

Es gibt Sachen, über die denkt man meist nicht groß nach. Doch wenn man mit dem Nachdenken anfängt, kann es spannend werden. Zum Beispiel, wenn man die Rechte durchdenkt, die man hat. Weil du ein Mensch bist, hast du viele Rechte. Und in unserer Gesellschaft gilt für die allermeisten Rechte: Jeder hat sie. Du hast ein Recht darauf, dass dich niemand verletzt, dass dich niemand beleidigt. Dass du genug zum Essen und Anziehen hast. Diese Rechte hast nicht nur du. Auch jeder, den du kennst, hat sie. Und alle Menschen, die du nicht kennst, haben sie auch.

Und es geht noch weiter mit den Rechten: Wer über 18 ist, hat das Recht, diejenigen zu wählen, die Gesetze machen – die wiederum viele Rechte regeln. In einigen Bundesländern haben schon 16-Jährige dieses Recht, zumindest bei den Wahlen zu Stadträten oder Gemeinderäten.

■ Was hat dieser Gedanke in einem Buch über Kirche zu suchen?
Ganz einfach: Gegenüber Gott hat der Mensch keine Rechte. Wenn dich ein anderer Mensch überfällt und dir den Arm bricht, kann er vor Gericht

kommen, verurteilt werden. Möglicherweise bekommst du dann ein paar tausend Euro Schadenersatz. Wenn du beim Radfahren hinfällst und dir den Arm brichst, kannst du nicht sagen: »Gott ist allmächtig. Also ist er schuld, dass ich gestürzt bin. Deswegen werde ich ihn jetzt verklagen.« Gegenüber dem Gott, an den die Christen glauben, hast du nichts zu sagen. Das Gleiche gilt für alle großen Religionen. Der Mensch hat dort keine Rechte gegenüber den höheren Mächten. Die Bibel schreibt zwar immer wieder über Menschen, die Gott anklagen, weil sie auf der Erde leiden müssen. Doch ob Gott auf diese Klagen eingeht, ist ganz ihm überlassen. Er hat das letzte Wort.

Das ist inzwischen allerdings für Gott zum Problem geworden. Und für Menschen, die gern an Gott glauben möchten, auch. Warum? Die Art, wie Christen früher ganz selbstverständlich an Gott geglaubt haben, passt beim besten Willen nicht ins 21. Jahrhundert. In bestimmten Situationen keine Rechte zu haben, das war für viele Menschen früher ganz normal. Deswegen fanden sie es auch normal, dass sie gegenüber Gott keine Rechte hatten. Heute hingegen ist es völlig unnormal, rechtlos zu sein. Und dieser Widerspruch bringt die Kirchen und ihr Reden von Gott in Schwierigkeiten.

Fremde Worte voller Staub

In der Bibel, in Gebeten, findest du viele Ideen, unzählige Worte, die dir fremd vorkommen – weil sie aus einer ganz anderen Zeit stammen. Gott sei der »Allmächtige«, der »Herr«, der »König«, der »Fürst« ist da zu lesen. In der Bibel werden diese Worte ganz besonders gedruckt, da steht

»HERR« oder »HErr«, um klarzumachen, dass es nicht irgendein Mann ist, um den es da geht, sondern derjenige, der wirklich ALLES zu bestimmen hat. Die Menschen werden in den alten Texten gleichzeitig oft »Knecht« oder »Magd« genannt.

In das Denken und Leben der Menschen vor 500, 1000 oder 2000 Jahren haben solche Worte gut gepasst. Wenn es damals ein König für eine gute Idee hielt, dass einer seiner Untertanen sterben sollte, dann hat er ihn töten lassen. Vielleicht hat der König sich einen Grund dafür gesucht, aber der ließ sich schon finden. Ein Fürst konnte über das Leben seiner Knechte und Mägde verfügen, wie er wollte. Er

Wer in früheren Jahrhunderten in der Bibel las, hatte meist keinen Zweifel an der Allmacht Gottes.

konnte ganze Dörfer verschenken, wenn er Lust dazu hatte. Die Menschen hofften gleichzeitig natürlich auch, dass ihr König sie gut behandeln würde. Wenn es einem Volk gut ging, wenn es in Wohlstand und Frieden lebte, dann galt das auch als Verdienst des jeweiligen Herrschers.

Früher also war es für viele selbstverständlich, dass es jemanden gab, der so gut wie alles über ihr Leben zu bestimmen hatte. Deswegen fanden die meisten Menschen es auch normal, dass es jenseits des Erdenlebens noch jemanden geben sollte, der nun wirklich alles zu entscheiden hat: Der König der Könige, wie der christliche Gott oder auch Jesus immer wieder genannt wird.

Ein König, der mächtig ist – wo gibt's denn so was?

Die Könige und Königinnen, die es heute gibt, in England, den Niederlanden, Skandinavien oder Spanien, haben den Bürgern ihrer Länder nichts mehr zu sagen. Sie leben in ihren Palästen, weil man es in ihren jeweiligen Ländern nett findet, dass es so etwas wie ein Königshaus gibt, über das sich regelmäßig etwas Neues lesen lässt. Eines haben solche Könige aber nicht: Macht. Wenn man von Gott als »König« spricht, passt das also wirklich nicht in die heutige Welt. Und wie sieht es mit Gott als »HERR« aus?

Christus wird immer wieder als allmächtiger König dargestellt.

Nicht nur in Deutschland wird inzwischen jeder erwachsene Mann so angesprochen, wie früher nur die Mächtigen angeredet wurden: mit dem Wort »Herr«. Auch in Italien ist jeder ein »Signore«, nicht nur Gott. Das moderne Kirchenlied »Laudato si', o mi Signore«, in dem Gott gelobt wird, hast du vielleicht schon einmal gehört. Da wird Gott als »Herr« angerufen, weil er die Welt so wunderbar erschaffen hat. Franziskus von Assisi in Italien, auf den dieses Lied zurückgeht, hätte vor 900 Jahren nicht jeden als »Signore« angeredet. Wenn er Gott so ansprach, war das etwas Besonderes. Heute ist das völlig anders. In Italien ist jeder Mann ein Signore, so wie in Deutschland oder Österreich jeder Mann ein Herr ist.

Gott als König, als Herr, passt auch aus einem anderen Grund nicht mehr gut in die heutige Zeit. In früheren Jahrhunderten fanden es die meisten Menschen völlig normal, dass sie den jeweiligen König in ihrem ganzen Leben niemals sahen. Es gab ja kein Fernsehen, kein Internet. Der König lebte unsichtbar irgendwo in einem Schloss oder einer Burg. Dass er trotzdem wirklich und mächtig war, spürten die Menschen spätestens, wenn sie ihre Steuern nicht zahlten. Dann setzten Männer mit Waffen die Macht des unsichtbaren Königs sehr spürbar durch.

Heute leben wir ganz anders. Alles, was es gibt, kann man auch sehen. Etwas, wovon in Büchern, auf Instagram, auf Facebook keine Fotos existieren, das kann es eigentlich nicht geben. Schließlich können wir sogar Sachen sehen, die fürs bloße Auge unsichtbar sind, zum Beispiel klitzekleine Bakterien oder gigantisch weit entfernte Galaxien. Die lassen sich mit Mikroskopen oder Teleskopen fotografieren und hinterher anschauen.

Das bringt viele Menschen im Umkehrschluss auf den Gedanken: Was man nicht sehen kann, gibt es nicht. Das gilt auch für die Mächtigen. Ein Mächtiger, von dem es keine Bilder gibt? Undenkbar. Und die Zeiten sind ja vorbei, in denen Menschen Bilder von Gott gemalt haben und sagten, so sieht er aus, der Allmächtige: ein alter Mann mit grauem Bart.

Und noch etwas passt nicht an der alten Vorstellung von Gott als fernem Allmächtigen: Heute kann jedem Mächtigen – ganz grundsätzlich zumindest – seine Macht wieder genommen werden. Er kann abgewählt werden, wenn es ein demokratisch gewählter Politiker ist. Er kann gestürzt werden, wenn es ein Diktator ist. Bei Gott ist das undenkbar.

Bringen wir es auf den Punkt: Die Herrschaft Gottes ist also eine Diktatur eines Unsichtbaren. Er alleine legt fest, was passiert. Er muss sich nicht an Gesetze halten, auf die irgendjemand anders Einfluss hätte. Er muss sich an überhaupt nichts halten. Er muss sich nicht zeigen, nicht rechtfertigen. Das ist ein Grund, warum viele sich heute schwertun mit Glauben und Kirche. Dass es einen Unsichtbaren geben soll, der über alles bestimmt, dem man nicht widersprechen kann, dem man sich völlig unterordnen muss, das passt hinten und vorne nicht in die heutige Welt.

Für Künstler früherer Jahrhunderte war klar: Beim »jüngsten Gericht« geht es grausam zu.

Höllenangst

Und es kommt noch heftiger. Irgendwann einmal wird dieser König der Könige auch noch oberster Richter sein, heißt es in der Bibel. Er wird entscheiden, wer in den Himmel und in die Hölle kommt. Eine große Verhandlung, bei der du erklären kannst, warum du wann was gemacht und gedacht hast, ist dabei – nach den alten Vorstellungen der Christen – nicht vorgesehen. Gott fällt sein Urteil, ohne dass du dich verteidigen kannst. Denn er ist alles und du bist nichts.

Und wie sieht es mit den Strafen aus, die Gott bereithält? Das Wort, das jedem einfällt, der auch nur ein bisschen was vom Christentum gehört hat, lautet: Hölle. Und wie die aussehen könnte, darüber hat man auch schnell eine Vorstellung. Im Neuen Testament ist die Rede von einem »feurigen Pfuhl«, in der Offenbarung des Johannes ist davon zu lesen. Jesus selbst spricht im Matthäus-Evangelium vom »höllischen Feuer«. Entsprechend ist auf alten Darstellungen in Kirchen zu sehen, wie Menschen in lodernden Flammen gebrutzelt werden, vor Schmerz brüllend. Diejenigen, die diese Bilder gemalt haben, konnten sich auch auf andere Worte stützen, die von Jesus überliefert sind. Er spricht im Neuen Testament mehrfach vom »Heulen und Zähneklappern«. Und damit meinte er nicht das Gefühl, das mancher hat, wenn er eine Schulaufgabe zurückbekommt, auf der die Note »mangelhaft« steht.

Die Hölle ist erkaltet

Wenn du heute einen Pfarrer oder eine Pfarrerin fragst, ob es eine Hölle mit Flammen und Teufeln gibt, dann werden die allermeisten sagen: »Nein, einen konkreten Ort, an dem böse Menschen gequält werden, den gibt es nicht. Heute nicht und in der Zukunft nicht. Gott ist nicht das, was man einen Sadisten nennt.« In der »Lutherbibel für dich«, die die Deutsche Bibelgesellschaft extra für junge Leute herausgegeben hat, fehlt das Stichwort »Höl-

Wer den Süden Thüringens kennt, weiß, dass dieses Schild nicht im Himmel steht. Trotz der schönen Wolken.

le« komplett. Das Stichwort »Paradies« immerhin findet sich dort. Aber ob das dann so aussieht, wie man es auf alten Kirchenbildern sieht, mit hellem Licht und Engelschören – auch diese Frage lassen die meisten Pfarrer heute lieber offen.

Was dir ein weiteres Problem mit diesem Verein, der sich Kirche nennt, bereitet. Du fragst dich: Was gilt denn nun? Das, was vor 500 oder 600 Jahren galt, ja schon mal nicht mehr. Wenn du ansiehst, was gläubige Menschen vor vielen Jahrhunderten gemalt oder geschnitzt haben, dann wirst du erkennen: Die haben wirklich fest und wörtlich daran geglaubt, dass Jesus von Nazareth wie ein Zauberer in der Welt unterwegs war. Einer, der Wasser zu Wein machen konnte. Einer, der Tote auferwecken konnte. Einer, der übers Wasser gehen konnte. Und sie waren ganz sicher, dass dieser Zauberer bald wieder auf die Erde zurückkommen würde und alle, die an ihn glauben, glücklich macht. Die anderen würden bitter bestraft werden. Das war der Glaube, die Hoffnung der Christen früherer Zeiten.

Heute heißt es von den meisten Pastoren, Pfarrerinnen und Pfarrern: »Jesus wie einen Zauberer zu sehen, ist lächerlich. Das ist der Glaube des Mittelalters. Das ist Kinderglaube. Erwachsene, reife Christen müssen sich heute stärker anstrengen, um Jesus als Gottessohn zu erkennen. Nimm bitte nichts oder nicht zu viel wörtlich von dem, was in der Bibel steht. Das ist das, was dem reifen Glauben eines Konfirmierten oder Gefirmten entspricht.«

Da stellt sich die Frage: Was gilt denn dann heute? Kann ich mir komplett selbst aussuchen, wie ich das verstehe, was in der Bibel steht? Was soll ich denn nun machen mit meinem Glauben, meinem Leben?

7

WAS WÜRDE JESUS TUN?

Ob alle in der Konfi-Gruppe gut fanden, was die Pfarrerin da machte? Wir wissen es nicht. Sie band den Mädchen und Jungs während eines Gottesdienstes oben am Altar Armbänder um, mit vier Buchstaben und einem Satzzeichen: WWJD? Solche Armbänder kann man auch kaufen, mitunter steht auf ihnen auch noch, wofür die vier Buchstaben stehen: »What would Jesus do?« Man kann sich mit dieser Frage auch die Schuhe binden, es gibt entsprechende Schnürsenkel.

»Was würde Jesus tun?« Die Pfarrerin wollte dafür sorgen, dass die Konfis die ultimative Frage, die einen Christen beschäftigen sollte, immer am Körper tragen. Die Idee kommt aus evangelischen Kirchen in den USA, sie passt grundsätzlich zu allen christlichen Kirchen. Besonders gut aber passt sie zu den Kirchen, die mit der Reformation entstanden sind. Denn die sagen seit Luthers Zeiten: Gott ist in Jesus ein echter Mensch geworden. Deswegen können wir am Leben dieses Jesus aus Nazareth sehen, wie Gott unter Menschen gehandelt hat. Und so sollten wir auch heute noch handeln.

Was würde Jesus tun? Schwierige Frage.

Bei katholischen Christen wird die Sache noch etwas bunter. Auch Maria als »Muttergottes« spielt für katholische Christen eine große Rolle, wenn es um die Suche nach Vorbildern geht. Und für Katholiken ist ebenfalls wichtig, was die vielen Hunderte von Heiligen, an die katholische Christen glauben, für ein Leben führten. Für evangelische Christen hingegen sollte vor allem im Mittelpunkt stehen, was Jesus wohl in einer bestimmten Situation getan hätte. Denn nichts anderes soll die evangelische Kirche eigentlich sein: eine Gruppe von Menschen, die Jesus nachfolgen, so wie es seine zwölf Jünger ganz am Anfang getan haben.

Wohin bringt dich also die Frage »Was würde Jesus tun?« Du merkst schnell: Sie bringt dich ganz schön in die Klemme.

Gehen wir mal ein paar Fragen durch, die einem als Jugendlichem kommen könnten:

■ Würde Jesus Abitur machen?
Nach der Bibel war er, ebenso wie sein Vater Josef, beruflich gesehen ein Handwerker. Ein Zimmermann. Von so etwas wie einer schulischen Ausbildung weiß man bei Jesus nichts, erst recht nichts von irgendeinem Abschluss. Kannst du also zu deinen Eltern sagen: »Ich schmeiße die Schule, denn das hätte Jesus auch so gemacht.«?

■ Würde Jesus dieses total süße Mädchen (oder auch: diesen total süßen Jungen) herumzukriegen versuchen?

Nach der Bibel hatte Jesus zwar Frauen um sich – aber dabei blieb es auch. Was heißt das für dich und das Thema »Liebe«?

■ Würde Jesus sich diesen extrem fantastischen Mantel kaufen? Und diese geilen Schuhe gleich noch dazu? Und diesen Schal?

Alles, was mit Besitz oder Äußerlichkeiten zu tun hat, hat nach der Bibel für Jesus keine Rolle gespielt.

■ Würde Jesus in diesen unglaublich spannenden, aber auch irrsinnig komischen Blockbuster gehen?

Davon, dass Jesus irgendetwas getan hätte, was mit »Spaß« oder »Unterhaltung« zu tun hat, ist in der Bibel nirgends die Rede.

Das zu tun, was Jesus von Nazareth getan hat, das ist auf den ersten Blick schlicht unmöglich für einen normalen Menschen in der heutigen Welt. Es hat schon seinen Grund, warum viele Männer und Frauen, die mit dem Christentum ernst machen wollten, früher in Klöster gingen. Sie haben der Alltags-Welt den Rücken gekehrt. Im Kloster geht es nicht um Spaß, schicke Kleidung, Geldverdienen. Da geht es um die Suche nach Gott und nach Jesus. Den allermeisten jungen Leuten heute graust es allerdings bei der Vorstellung, dauerhaft hinter Klostermauern zu verschwinden. Auch wenn die alten Gebäude, die üblicherweise zu einem Kloster gehören, oft schön und romantisch anzusehen sind. Doch: Keine Partys? Keine schicken Kleider? Kein Kino? Keine Games? Keine körperliche Liebe? Keine eigene Familie? Darüber trösten die schönsten Klosterbauten nicht hinweg. Heute sind es nicht mehr besonders viele, die diesen Weg gehen möchten.

Wobei man feststellen muss: Jesus selbst hat sich mit seinen Jüngern nicht hinter Klostermauern versteckt. Er ist durchs Land gezogen, in die Städte. Der Gang ins Kloster kann also schon mal nicht der einzige Weg sein, um ihm nachzufolgen.

Jesus – die Spaßbremse?

Dass Jesus geweint hat, davon ist in der Bibel an mehreren Stellen die Rede. Eine Stelle des Johannes-Evangeliums etwa lautet in einer Übersetzung: »Jesus vergoss Tränen.« Und im Lukas-Evangelium heißt es, er habe über das geweint, was in der Stadt Jerusalem geschah. Über einen lachenden Jesus gibt es hingegen keine Berichte. Unter den Geschichten, die das Neue Testament erzählt, den Gleichnissen, findet sich kein einziger Witz. In früheren Jahrhunderten war deshalb für viele Kirchenobere klar: Wenn es um den Glauben geht, ist einiges erlaubt – Lachen aber nicht. Inzwischen sehen das die meisten katholischen und evangelischen Geistlichen anders. Sie sagen, immer nur völlig ernst könne Jesus nicht gewesen sein, sonst hätte er beispielsweise bei der Hochzeit von Kana nicht Wasser in Wein verwandelt. Manche Pfarrer erzählen sogar im Gottesdienst Witze, vor allem am Ostersonntag. Mit dem »Osterlachen« soll die Gemeinde ihre Freude darüber zeigen, dass Jesus den Tod besiegt hat. Da kann man dann Witze wie diesen hören: »Wird ein Mädchen gefragt, was ihr am Gottesdienst am besten gefallen hat, und sie antwortet: ›Die Stellen, wo alle meinen Namen gerufen haben: Hallo Julia!‹« Wie findest du den? Geschmackssache …

Du merkst schon: Bei der Frage »WWJD?« ist es wie bei vielen Fragen, die mit der Kirche zu tun haben: Es ist kompliziert. Und logisches Nachdenken führt dich schnell in den Wald.

Ein bisschen einfacher ist die WWJD-Antwort auf ein paar andere Fragen:

▪ *Würde Jesus heute Brandsätze auf Asylbewerberheime werfen?*

Sicher nicht. Wenn es eine Sache gibt, die sich wirklich eindeutig aus den Evangelien herauslesen lässt, dann die Aufforderung, andere Menschen so gut zu behandeln, wie es nur möglich ist. Und: Jesus und seine Eltern waren selbst Flüchtlinge.

▪ *Hätte Jesus etwas gegen bestimmte religiöse Gruppen, etwa Juden?*

Sicher nicht. Denn erstens war er ja selbst Jude und zweitens war seine wichtigste Aufforderung eben die Nächstenliebe.

Wenn ich Tote auferwecken könnte ...

Die Frage »Was würde Jesus tun (wenn er ich wäre)?« kann man natürlich noch weiter denken. Was würde ich tun, wenn ich die Möglichkeiten hätte, die Jesus nach der Bibel hatte? Würde ich meine liebe Oma, die vor ein paar Tagen gestorben ist, wieder von den Toten auferstehen lassen, so wie Jesus – nach dem Johannes-Evangelium – Lazarus von den Toten auferstehen ließ? Würde ich meinen Großvater heilen, der seit seinem Schlaganfall nicht mehr richtig sprechen und laufen kann? Würde ich den hungernden Menschen in armen Ländern etwas zu essen geben, so wie Jesus bei der »Speisung der 5000«?

Jeder Pfarrer würde jetzt sofort sagen: »So darfst du die Frage ›Was würde Jesus tun?‹ nicht verstehen. Er war ja gerade nicht irgendein Zauberer wie im Fantasy-Roman.« Und er würde vielleicht noch hinzufügen:

»Am Ende ist er gerade *nicht* vom Kreuz heruntergestiegen, sondern hat all die Qualen durchlitten, die die Menschen ihm antaten – das ist das Besondere am christlichen Gott.«

Aha. Und dann hörst du, wenn es um Jesus geht, ab und zu auch ein Wort, über das du vielleicht grinsen musst: »Opfer.« Wer heute unter Jugendlichen von einem »Opfer« oder auch »Opfah« spricht, der denkt nicht an jemanden, der etwas Vorbildliches tut. Aber genau das tat Jesus nach der Vorstellung der Christen, als er sich für die Menschen opferte. Als er den Opfertod am Kreuz starb. Als er sich töten ließ, so wie in manchen Religionen Tiere getötet werden, um Gott zu ehren: Das Opferlamm im traditionellen Judentum oder auch im Islam etwa.

Das sollst du also auch tun? Dich gegebenenfalls selbst zum Opfer machen? Weil Jesus das tat? Du kannst zwar immer wieder von Leuten lesen, die in armen Ländern oder Kriegsgebieten Hilfe leisten, dabei enorme Belastungen auf sich nehmen, mitunter nicht nur ihre Gesundheit, sondern sogar ihr Leben riskieren. Solche Menschen bringen tatsächlich Opfer, oftmals aus einer christlichen Überzeugung heraus. Aber kann man das von jedem verlangen? Kann man so etwas auch von dir verlangen?

Je länger du darüber nachdenkst, desto mehr steckst du also wahrscheinlich fest bei der Frage »Was würde Jesus tun?« Zumindest dann, wenn du die Frage nur auf dich als einzelne Person beziehst. Die Leute, die solche Armbänder machen, und diejenigen, die sie verteilen (wie die oben erwähnte Pfarrerin), wollen aber gar nicht unbedingt, dass jeder nur für sich über diese Frage nachdenkt. Sie möchten vielmehr, dass Christen gemeinsam Antworten auf diese Frage suchen, so wie es schon die Jünger vor 2000 Jahren taten, als erste christliche Gemeinde sozusagen.

Denn die, die versuchen, Jesus nachzufolgen, sagen Pfarrer, sind alle Heilige. Deswegen ist ja im Glaubensbekenntnis von der »Gemeinschaft der Heiligen« die Rede. Und diese Gemeinschaft ist wiederum nichts anderes als die Kirche – die »heilige christliche Kirche«, wie es im evangelischen Glaubensbekenntnis heißt. Im katholischen Bekenntnis lauten die Worte »heilige *katholische* Kirche«, was hier allerdings nur so viel bedeutet wie »umfassend«. Nach diesem Verständnis sind auch die evangelischen Kirchen »katholisch«. Deswegen ist immer wieder auch von der »römisch-katholischen« Kirche die Rede, wenn man klarmachen möchte, dass man von der Kirche spricht, an deren Spitze der Papst in Rom steht.

Die christlichen Kirchen nehmen also für sich in Anspruch, dass sie heilig sind. An dieser Stelle wird es aber nun wirklich schwierig. Denn wenn du auch nur einen ganz kurzen Blick auf die Geschichte der christlichen Kirchen wirfst, bekommst du schnell das Gefühl: Das ist ja wohl eher das Gegenteil von heilig.

8

GEMEINSCHAFT DER HEILIGEN – ODER KRIMINELLE VEREINIGUNG?

»Kriminalgeschichte des Christentums«, so hat der Autor Karlheinz Deschner eine Reihe von Büchern genannt. Sage und schreibe zehn Bände hat er damit gefüllt, und trotzdem war er noch lange nicht fertig, als er im Jahr 2014 starb.

Viele evangelische und vor allem katholische Pfarrer rollen mit den Augen, wenn sie den Namen Deschner hören. Denn er hat den Menschen, die an den Gott der Christen glauben, gern mal knackige Sätze hingehauen, wie etwa diesen: »Ich denke, also bin ich kein Christ.« Damit verpasste er gläubigen Christen eine schallende Ohrfeige. Deschner stellte sich in eine Reihe mit dem französischen Philosophen René Descartes, der den Satz geprägt hat: »Ich denke, also bin ich.« Descartes gilt als ausgesprochen wichtig für die Geschichte des philosophischen Nachdenkens über die Welt und das Leben. Deschner suchte sich bewusst einen großen Denker aus, um einen Satz zu sagen, der – wenn man ihn umdreht – Folgendes heißt: »Wer Christ ist, denkt nicht.«

Wie kam dieser Mann dazu, die mehr als zwei Milliarden Menschen so zu beschimpfen, die unter der Überschrift »Christen« leben? Nun, er hatte eine Menge gute Gründe. Um die zu finden, musste er nur anschauen, was für Verbrechen die christlichen Kirchen in den vergangenen zwei Jahrtausenden begangen haben. Was sieht man, wenn man auch nur ganz flüchtig einen solchen Blick auf die Kirchen wirft? Einen Blick also, der nicht annähernd so gründlich ist wie der von Karlheinz Deschner.

Beispiele von heute: Hass, Intoleranz, Missbrauch

Sie nennen sich »Lebensschützer«. Besonders schützend sieht es oft aber gar nicht aus, was man von diesen Christen erleben kann. Sie bedrängen Frauen, die es sich nicht zutrauen, eine Schwangerschaft zu Ende zu bringen.

Vor allem in den USA kommt es immer wieder vor, dass radikale Abtreibungsgegner im Namen des christlichen Glaubens Arztpraxen in Brand setzen oder in die Luft sprengen. Mediziner, die Abtreibungen vornehmen, müssen fürchten, dass es ihnen ergeht wie George Tiller. Der Arzt wurde von einem radikalen Christen erschossen. Ausgerechnet während eines Gottesdienstes, an dem der Mediziner teilnahm.

Nach Ansicht dieser Demonstrantin war der Mann, der den amerikanischen Abtreibungsarzt George Tiller erschoss, ein Gesandter Gottes.

Es einfach hinnehmen, was andere tun, wie andere leben, auch wenn es einem nicht gefällt – das gehört auch in anderen Bereichen nicht zum Selbstverständnis etlicher Christen. Offiziell geben sich die christlichen Kirchen nach außen zwar tolerant. Aber vor allem in der katholischen Kirche gibt es eine Menge Gruppierungen, die sich kein bisschen um Toleranz scheren. Männer etwa, die Männer lieben, werden nicht nur von radikal-katholischen Gruppen wie den »Pius-Brüdern« als »Sünder« ausgegrenzt.

Gleichzeitig ist in den vergangenen Jahren öffentlich geworden, was viele Menschen schon vorher ahnten: Vor allem in katholischen Schulen, Internaten, Jugendgruppen sind Mädchen und vor allem Jungs sexuell missbraucht worden. Die Zahl der Fälle aus den vergangenen Jahrzehnten summiert sich auf Tausende. Und man muss vermuten, dass der Missbrauch auch heute nicht völlig aufgehört hat. Der ausgesprochen eigenartige Umgang vor allem der katholischen Kirche mit dem Thema »Sex« schafft ein Klima, in dem erwachsene Männer ihr körperliches Begehren immer wieder an Kindern und Jugendlichen ausleben. So bitter das klingen mag: Es könnte sein, dass in dem Moment, in dem du diese Zeilen liest, in irgendeiner kirchlichen Einrichtung irgendwo auf der Welt ein Kind oder ein Jugendlicher zum Objekt sexueller Befriedigung gemacht wird.

Die jüngere Vergangenheit: Christen, Krieg und Nazi-Völkermord

Im Religionsunterricht, in der Konfi- oder Firmgruppe hast du vielleicht schon von Männern wie Karl Barth, Dietrich Bonhoeffer oder Pater Rupert Mayer gehört, die tapfer Widerstand gegen die Nazi-Diktatur zwischen 1933 und 1945 geleistet haben. Der evangelische Pfarrer Bonhoeffer bezahlte seine aufrechte Haltung mit seinem Leben. Die Nazis töteten ihn im Konzentrationslager Flossenbürg am Galgen.

Wovon du weniger hörst: Solche Männer und auch Frauen waren eine Minderheit. Ihre Tapferkeit war die Ausnahme, nicht die Regel in den christlichen Kirchen. Nicht nur unter den einfachen Kirchenmitgliedern gab es viele überzeugte Nazis. In den evangelischen Kirchen gab es eine eigene Gruppe, die das Nazi-Denken voranbringen wollte: die »Deutschen Christen«. In besonders stark evangelisch geprägten Gegenden in Nordbayern, Hessen oder Niedersachsen bekamen die Nazis im Jahr 1932 weit über die Hälfte der Stimmen, zum Teil sogar mehr als drei Viertel. Das waren die letzten halbwegs freien Wahlen vor Beginn der Hitler-Diktatur, man kann also nicht sagen, dass die evangelischen Christen, die in diesen Gegenden lebten, gezwungen wurden, die Nazis zu wählen.

Für die »Deutschen Christen« war es kein Problem, das christliche Kreuz und das Nazi-Hakenkreuz zusammenzubringen.

In katholischen Gegenden hatte es die Nazi-Partei etwas schwerer. Die katholische Kirche lehrte, dass es auf der Erde nur eine einzige oberste Instanz gibt, nämlich den Papst. Dazu passte die Idee, dass Adolf Hitler in jeder Frage des Lebens der »Führer« sein sollte, nicht so gut. Aber grundsätzlichen Widerstand gegen die mörderische Nazi-Diktatur leistete die offizielle römisch-katholische Kirche keineswegs. Vielmehr unterzeichnete der Vatikan in Rom schon wenige Monate nach der

Machtübernahme durch die Nazis einen offiziellen Vertrag mit den neuen diktatorischen Herrschern in Deutschland, das »Reichskonkordat«.

Unter den Millionen von Menschen, die durch den Terror der Nationalsozialisten gestorben sind, waren auch viele Christen. Aber es ist Unsinn, sich vorzustellen, auf der einen Seite hätten die bösen Nazis gestanden und auf der anderen Seite die guten Kirchen. Die christlichen Kirchen als Institutionen haben nichts Grundlegendes dazu beigetragen, die Nazi-Verbrechen zu verhindern oder zu beenden.

Nicht so lange her: Sklaverei in christlichen Ländern

Kann es sein, dass in einem modernen, christlichen Land wie Brasilien heute Menschen leben, deren Großeltern oder gar noch Eltern Sklaven waren? Ja, das kann sein. Im durch und durch katholischen Brasilien wurde die Sklaverei erst 1888 abgeschafft. Nehmen wir an, ein 1885 als Sklave geborener Brasilianer wurde mit 50 Jahren – als mittlerweile freier Mann – Vater eines Sohnes, dann wäre dieser 1935 geborene Sohn heute ziemlich alt, aber er könnte durchaus noch leben.

Die Vereinigten Staaten von Amerika waren etwas früher dran mit der Abschaffung der Sklaverei. Dort war es im Jahr 1865 so weit. In den USA spielte und spielt die katholische Kirche keine so große Rolle wie etwa in Brasilien; Nordamerika ist geprägt von verschiedenen evangelischen Kirchen. Dennoch haben Länder wie USA, Brasilien, Kuba oder Haiti, in denen Millionen von Menschen jahrhundertelang wie Tiere behandelt wurden, eines gemeinsam: Die jeweiligen christlichen Kirchen in diesen Ländern hatten kein sonderlich großes Problem mit der Sklaverei. Weiße Herrschaften, die ihre Sklaven ausbeuteten, misshandelten, sterben ließen, mussten in der Regel keine Sorge haben, dass ihr Pfarrer sie deswegen zur Rede stellte. US-Amerikaner, die Menschen mit anderer Hautfarbe als minderwertig betrachten, haben sich auch nach der Abschaffung der Sklaverei immer wieder aufs Christentum berufen, wenn sie ihre Hassbotschaften verbreiteten. Bis heute verwendet beispielsweise die Rassisten-Gruppe »Ku-Klux Klan« das Kreuz als Symbol. Flammende Kreuze nachts lodern zu lassen, ist seit rund 150 Jahren eines der schauerlichen Rituale dieser Extremisten. Es gibt zwar viele christliche Geistliche afro-amerikanischer Herkunft, die sich für eine Gleichberechtigung aller Menschen stark machen. Unter weißen Kirchenvertretern ist diese Bewegung weniger fest verwurzelt.

Rassisten in den USA wie etwa vom »Ku-Klux Klan« verwenden immer wieder das christliche Kreuz als Symbol.

Dass die Kirchen auf dem amerikanischen Kontinent lange Zeit nichts oder kaum etwas gegen die Sklaverei unternommen haben, ist nicht verwunderlich, wenn man bedenkt, dass die Kirche auch in Europa kein Problem mit etwas hatte, was nicht viel anders war als Sklaverei. Millionen Menschen auf dem »alten Kontinent« litten jahrhundertelang unter der sogenannten Leibeigenschaft. Dass die Leibeigenschaft in Europa ab dem 18. Jahrhundert schrittweise abgeschafft wurde, ist kein Verdienst der Kirchen. Das haben ausgesprochen nicht-kirchliche Bewegungen erreicht.

Christliche Mission: Identitätsraub auf der ganzen Welt

Die weitaus meisten Christen finden sich heute nicht in Ländern, in denen die christlichen Kirchen schon vor 1000 oder 500 Jahren etwas zu sagen hatten, also in Europa. Drei Viertel der etwa zwei Milliarden Christen, die es heute gibt, leben in Lateinamerika, Afrika oder Asien. Der Haken an der Sache: Als die christlichen Kirchen in Ländern wie Mexiko, Südafrika oder auf den Philippinen Fuß fassten, lief das nicht so, wie es heute manche eifrige Christen versuchen, die in Fußgängerzonen Broschüren verteilen und sich für Gespräche anbieten.

Christentum verbreiten, das hieß in früheren Jahrhunderten nichts anderes als Gotteshäuser und Tempel anderer Religionen niederreißen und abfackeln, fremde religiöse Schriften verbrennen, Menschen zur Taufe zwingen. Dass gleichzeitig die weltlichen Kolonialherren zahllose Menschen in Lateinamerika, Afrika und Asien töteten, war zwar meist nicht die direkte Schuld der jeweiligen Priester, also der Missionare. Aber Geistliche taten auch nicht groß etwas gegen die »Mission mit Feuer und Schwert«.

Hexenverfolgung: Massenmord im Namen des Glaubens

Als du kleiner warst, hast du vielleicht über Bücher, Filme, CDs Figuren wie Bibi Blocksberg oder die Hexe Lilli kennengelernt. Ein aufregendes, schönes Leben führen diese Mädchen in solchen Erzählungen. Anders ging es Helena Curtens, die von den Menschen, unter denen sie lebte, als »Hexe« bezeichnet wurde. Sie war 14 Jahre alt, als man ihr vorwarf, sie hätte sich mit dem

Teufel eingelassen, und sie deswegen verhaftete. Als sie am 19. August 1738 qualvoll in den Flammen eines Scheiterhaufens starb, war sie 16 Jahre alt.

In der Zeit ab etwa 1430 wurde in ganz Europa Frauen und Mädchen, teilweise auch Männern, immer wieder vorgeworfen, sie hätten einen Bund mit bösen Mächten geschlossen. Heutige Schätzungen gehen davon aus, dass rund 60 000 Menschen deshalb getötet wurden. Dazu kommen viele Tausende, die Folter erlitten, ihre Misshandlungen aber überlebten. Vor allem zwischen 1550 und 1650 tobte ein echter »Hexenwahn« durch ganze Landstriche. Auf deutschem Boden wurde das letzte Todesurteil gegen eine vermeintliche Hexe im Jahr 1775 gesprochen. Anna Maria Schwegelin wurde dann aber doch nicht getötet, sondern starb sechs Jahre später als Gefangene. Die letzte Frau, die in Europa wegen Hexerei hingerichtet wurde, war Anna Göldi. Ihr wurde am 13. Juni 1782 im schweizerischen Ort Glarus der Kopf abgeschlagen.

Ein Museum im schweizerischen Ort Mollis erinnert an die »letzte Hexe« Anna Göldi.

Ob die Gegend katholisch oder protestantisch war, in der jemand lebte, machte in der Zeit des »Hexenwahns« keinen großen Unterschied. Kirchenleute waren überall mit dabei, wenn es darum ging, vermeintliche Teufelspakte aufzudecken. Allerdings waren es nicht alleine die Kirchen, die »Hexen« verfolgen und töten ließen. Ganz normale Gerichte, Stadträte, Fürsten hatten genauso ihre Finger in diesem schmutzigen Spiel.

Kein Ritterspektakel, sondern Angriffskrieg: die Kreuzzüge

Es sieht prächtig aus, wenn man Bilder von »Kreuzrittern« sieht. Strahlende Rüstung, im Wind flatternde Fahnen, stolzer Blick. Das, was ab dem Jahr 1095 rund 300 Jahre lang immer wieder geschah, wenn Christen sich zu einem »Kreuzzug« aufmachten, war weniger glanzvoll. Da wurden vermeintlich »Ungläubige« in der heutigen Türkei, dem heutigen Syrien, dem heutigen Israel mit Schwertern und Lanzen niedergemetzelt. Auch Frauen und Kinder starben, entweder in den Kämpfen oder durch Hunger und Krankheiten.

Offiziell hatten die Kreuzzüge das Ziel, Jerusalem und die anderen Gegenden, in denen Jesus gelebt hatte, für Christen wieder zugänglich zu machen. Denn in der Zeit vor den Kreuzzügen hatten Herrscher, die der damals noch vergleichsweise jungen Religion des Islam angehörten, das »Heilige Land« Stück für Stück erobert. Aber es ging nicht nur darum, Jerusalem zu »befreien«. Ziel der Kreuzritter war es auch, den eigenen Machtbereich auszudehnen. Ob das mit dem zusammenpasste, was Jesus in den Evangelien sagt, interessierte kein bisschen.

Das ist nicht weiter verwunderlich, wenn man sich eines vor Augen hält: Vor 1500 Jahren, vor 1000 Jahren, vor 300 Jahren war Herrschen und Kämpfen nichts, was nur Könige und Krieger betrieben. Vor allem die katholische Kirche hatte Besitztümer und sogar Armeen wie andere Fürsten auch. Und wenn ein christliches Land einem anderen christlichen Land den Krieg erklärte, kam von den Kirchen so gut wie nie der Einwand, dass dann Christen auf ihre christlichen Brüder schießen würden. Wenn man sich 2000 Jahre Geschichte des Christentums anschaut, ist es eine sehr neue Entwicklung, dass die Kirchen Abstand halten zu den Mächtigen und Politikern und dass sie Frieden predigen.

Fast alles anders

Die »Kreuzritter« wurden in Europa früher stets als Helden dargestellt.

Der Blick auf die »Kriminalgeschichte des Christentums« ist deswegen besonders verstörend, weil in dem Buch, auf das sich die Christen berufen, ja schon immer stand, dass Jesus sagte: »Ihr sollt eure Feinde lieben.« Und ausschließlich auf die Verbrechen der Kirchen zu schauen, ist natürlich nur die halbe Wahrheit. Man könnte sicher auch zehn Bände über das Gute schreiben, das aus den christlichen Kirchen heraus für die Menschen geschehen ist.

Viele Tausend Menschen, die heute gegen Armut und Ungerechtigkeit auf der ganzen Welt kämpfen, tun das in den Kirchen und mit den Kirchen. Leute wie Dietrich Bonhoeffer oder Rupert Mayer, die sich gegen die Nazi-Diktatur gestellt haben, folgten dabei ihrer Überzeugung als Christen. Martin Luther King, der vor rund 50 Jahren enorm viel für die Rechte der Afroamerikaner in den USA erreicht hat, war protestantischer Pastor. Als sich vor einigen Jahrzehnten eine Bewegung gegen Atomwaf-

fen formierte oder später die Umwelt-
schutzbewegung, kam viel von diesem
Engagement aus den christlichen Kirchen. Auch in früheren Jahrhunderten,
als die offiziellen Kirchen oft nicht allzu menschenfreundlich waren, gab es
viele Kirchenleute, die sich für Arme
oder Kranke engagierten. Krankenhäuser oder Pflegeheime zu bauen,
war früher fast ausschließlich eine Sache der Kirchen.

Der US-Bürgerrechtler Martin Luther King schöpfte
die Kraft für seinen Kampf auch aus dem christlichen
Glauben.

Wenn du eine Antwort auf die Frage
suchst: »Was ist die Kirche eigentlich
für ein Verein?«, wirst du also feststellen: Sie hat eine sehr widersprüchliche und vielfältige Geschichte. Und auch heute noch sind die christlichen Kirchen so vielfältig und widersprüchlich, wie Menschen es eben
sind. Denn das, was man in der Alltagssprache unter einem Heiligen versteht, sind die allermeisten Kirchenmitglieder eben nicht, auch wenn es
im Glaubensbekenntnis anders steht.

Kirchen sind ein Zusammenschluss von Menschen. Und solange es Menschen gibt, machen sie fantastische Sachen, aber auch scheußliche. In den
Kirchen und außerhalb. Wobei eine Frage noch zu klären wäre: Wenn jahr-
hunderte- und jahrtausendelang die Kirchen mit den Mächtigen Hand in
Hand gingen – ist das heute denn völlig anders? Oder werden wir vielleicht auch heute noch von den Kirchen regiert, indirekt zumindest.

9

IST DEUTSCHLAND EIN GOTTESSTAAT?

»Das »C« ist uns Orientierung und Verpflichtung« – so kann man es in dem Programm lesen, in dem die CSU aufgeschrieben hat, was Wähler von ihr erwarten dürfen. Wofür steht noch mal das »C« im Namen der Partei, die in Bayern seit 1957 immer den Regierungschef gestellt hat? Für Cola? Chips? Cabrio? Vitamin C?

Nein, so etwas zu fragen, ist natürlich nur ein billiger Spaß. Bei der CSU ebenso wie bei der CDU, die in allen anderen Bundesländern außer Bayern aktiv ist, steht das »C« selbstverständlich für »christlich«. Das Wort »Christus« oder »Jesus« kommt in den Programmen dieser Parteien übrigens nicht vor. Aber immerhin kann man im Programm der CDU elf Mal das Wort »Gott« finden. Bei der CSU gibt es 13 entsprechende Fundstellen.

Und was begründen CDU und CSU mit dem Hinweis auf Gott? Wenn man es genau betrachtet, so ziemlich alles das, was andere Parteien wie SPD, Grüne oder Linke auch gut finden: Dass es gerecht zugehen soll in

Deutschland und der Welt. Dass die Umwelt geschützt werden soll. Dass man gut mit Familien und mit Kindern umgehen soll. Grüne, SPD oder Linke fordern das alles mit dem Argument, dass sie es gut mit den Menschen meinen. CDU und CSU nehmen das auch für sich in Anspruch. Die C-Parteien schreiben in ihren Programmen jedoch auch, dass sie sich das nicht selbst ausgedacht haben, sondern dass Gott das so möchte.

Könnte man CDU und CSU als »christianistische« Parteien bezeichnen, so wie vor allem in arabischen Ländern immer wieder von islamistischen Parteien die Rede ist? Ist Angela Merkel, die im Jahr 2000 zur Vorsitzenden der CDU und fünf Jahre später zur Bundeskanzlerin gewählt wurde, eine rundum überzeugte Christin, so wie die Staatschefs Saudi-Arabiens oder des Iran überzeugte Moslems sind? In manchen Interviews sagt Angela Merkel, dass sie vor wichtigen Entscheidungen betet. Aber ansonsten hat sie in ihr Leben wenig von dem Beruf übernommen, den ihr Vater ausübte: Der war evangelischer Pfarrer. Auf der Internetseite www.angela-merkel.de

Betet Angela Merkel hier? Oder hält sie nur zufällig die Hände so?

steht einiges über ihre Jugend, ihr Studium. Und es finden sich auch Sätze wie dieser: »Ich koche sehr gern, am liebsten Rouladen und Kartoffelsuppe.« Davon, dass sie sich besonders viel mit Glauben und Kirche beschäftigt, steht da nichts.

Auch in Parteien wie CDU und CSU zerbricht man sich also nicht den ganzen Tag den Kopf über die Frage »Was würde Jesus tun?« Nicht einmal die Christlich Demokratische Union findet noch etwas dabei, Leute ins Parlament zu schicken, die sich nicht zum Christentum bekennen, sondern zum Islam. Die moslemische Politikerin Cemile Giousouf beispielsweise wurde 2013 für die CDU in den Bundestag gewählt. Auf ihrer Internetseite findet sich – ebenso wie auf der von Angela Merkel – nichts zum Thema Glaube.

Eine Muslima in der Christlich Demokratischen Union: Cemile Giousouf

Wo die Kirche deinen Alltag steuert

Was hat es dann also mit dem »C« in den Namen dieser Parteien auf sich? Wenn man das wissen will, muss man in die Vergangenheit schauen. CDU und CSU haben einen Teil ihrer Wurzeln in einer Partei, die sich »Zentrum« nannte. Die Männer, die diese Partei 1870 gründeten (es war wirklich keine Frau dabei, die durften damals auch noch lange nicht wählen), machten unmissverständlich klar, worum es ihnen ging. Sie wollten politisch für die »Rechte der Kirche« kämpfen, heißt es gleich am Anfang des ersten Programms der Zentrumspartei. Gemeint war die katholische Kirche, die sich von Politikern und Fürsten in Deutschland bedroht fühlte. Von der Idee, eine »Partei für die Kirche« zu sein, sind CDU und

CSU heute aber meilenweit entfernt. Sie nehmen für sich in Anspruch, für alle Bürger da zu sein – was auch alle anderen Parteien von sich sagen. Und offiziell sind Kirche und Staat in Deutschland zwei getrennte Bereiche.

Trotzdem findet man überraschend viel, wenn man nachschaut, wo Staat, Kirche und Politik überall miteinander verbunden sind. Die Kirchensteuer, die Kirchenmitglieder von ihrem Einkommen abgeben müssen, wird von den staatlichen Finanzämtern eingezogen. In Ländern wie Italien oder Frankreich, in denen vor allem die katholische Kirche eine wichtige Rolle in der Gesellschaft spielt, ist so etwas undenkbar. Es ist aber nicht nur so, dass der Staat etwas für die Kirchen tut – auch die Kirchen tun etwas für den Staat, indem sie ihm Aufgaben im sozialen Bereich abnehmen. Auf ganz Deutschland gerechnet wird etwa jeder dritte Kindergarten von den sogenannten »Wohlfahrtsverbänden« der christlichen Kirchen betrieben, also von der katholischen Caritas und der evangelischen Diakonie. Das kann man durchaus ungewöhnlich finden. Denn eigentlich ist es in Deutschland Aufgabe des Staates, sich darum zu kümmern, dass Kinder tagsüber betreut werden. Genauso, wie es die Aufgabe des Staates ist, dafür zu sorgen, dass es Schulen, Krankenhäuser oder Polizisten gibt.

Dass zu dem, was Staatsgewalt ausmacht, Polizeibeamte gehören, daran hat es in Deutschland nie Zweifel gegeben. Sich darum zu kümmern, dass es genug Polizisten gibt, das hat deshalb stets der Staat übernommen. Krankenschwestern oder Lehrer hingegen haben in früheren Jahrhunderten oft nicht für den Staat gearbeitet, sondern für die Kirchen, weil die es als ihre Aufgabe sahen, dafür zu sorgen, dass Kranke versorgt werden oder Kinder lesen und schreiben lernen.

Verborgene Riesen

Der Staat hat die Kirchen aus diesen Bereichen vor allem im 19. Jahrhundert ein ganzes Stück zurückgedrängt. Allerdings haben es katholische und evangelische Kirche nicht zugelassen, dass der Staat sie aus solchen Aufgaben völlig vertreibt. Die heutigen politischen Parteien sind nicht sonderlich christlich, auch nicht die mit einem »C« im Namen. Aber die Politik gesteht den Kirchen in vielen Bereichen eine wichtige Rolle zu. Und Staat und Kirchen haben sich in Deutschland darauf geeinigt, dass die Kirchen eine ganze Menge von dem organisieren, wofür eigentlich der Staat zuständig ist, wie eben Kindergärten, Krankenhäuser oder Schulen.

Das Zeichen, das sich die Diakonie ausgesucht hat, sieht aus wie ein Geschenk. Doch in diesem »Kronenkreuz« steckt vor allem das christliche Kreuz-Symbol.

Eine von drei Kliniken in Deutschland wird über die »Wohlfahrtsverbände« Caritas und Diakonie von der katholischen oder der evangelischen Kirche betrieben. In einer Klinik, die zur katholischen oder evangelischen Kirche gehört, geboren zu werden, ist also nichts Ungewöhnliches. Auch von drei Kindertagesstätten gehört im Schnitt eine zu den christlichen Kirchen. Etwa 1,1 Millionen Kinder gehen in Kitas und Horte, die von der katholischen Caritas oder der evangelischen Diakonie betrieben werden.

Kirchliche Schulen sehen nicht viel anders aus als staatliche.

Bei den Schulen ist die Rolle der Kirchen nicht so groß. Um mehr als 90 von 100 Schulen in Deutschland kümmert sich alleine der Staat. Von den Schulen allerdings, die nicht vom Staat, sondern privat betrieben werden, ist die große Mehrzahl kirchlich. So kommt es, dass immerhin rund 370 000 Schülerinnen und Schüler auf eine katholische Schule gehen, etwa 176 000 auf eine evangelische – zusammen also weit über eine halbe Million.

Eine überraschende Liste großer Arbeitgeber in Deutschland

Name und Wirtschaftszweig	Zahl der Beschäftigten in Deutschland (gerundet)
Caritas (katholischer »Wohlfahrtsverband«)	550 000
Diakonie (evangelischer »Wohlfahrtsverband«)	450 000
VW (Autobau)	270 000
Siemens (Industrie)	118 000
BMW (Autobau)	110 000

Du bist also möglicherweise viel mehr von »Kirche« umgeben, als du denkst. Ein bisschen dringt die Kirche vielleicht auch immer mal wieder in deine Ohren und Augen. Wenn du in Norddeutschland ein Radioprogramm wie N-JOY hörst, im Süden vielleicht Bayern3 oder im Westen Eins live, dann hast du ein Programm eines Senders erwischt, der »öffentlich-rechtlich« genannt wird. Und das heißt, dass ganz im Hintergrund eine Gruppe steht, die sich Rundfunkrat nennt und die öffentlich-rechtliches Radio, Fernsehen und Internetangebot kontrollieren soll. In den Rundfunkräten sitzen alle möglichen Leute aus der Politik, aus Berufsverbänden, Sportverbänden – aber auch aus den Kirchen.

Wenn also Oliver Welke seine »heute show« macht oder Jan Böhmermann sein »Neo Magazin Royale«, sollten sie nicht völlig vergessen, dass es beim ZDF einen Fernsehrat gibt, in den die christlichen Kirchen Vertreter schicken. Und wenn Mitarbeiter der öffentlich-rechtlichen Sender mal allzu heftige Kritik an den Kirchen üben, dann kritisieren auch schnell mal die Vertreter der Kirchen in den Rundfunkräten diese Mitarbeiter. Die Begründung dafür, dass die Kirchen ihre Leute in die Rundfunkräte schicken können, lautet: Dort sollen Gruppen vertreten sein, die irgendwie wichtig sind. Und die Kirchen sind irgendwie wichtig. Also dürfen sie mitreden bei den öffentlich-rechtlichen Medien.

Kirche im Alltag – das knirscht schon mal

Die Kirchen haben aber auch in anderer Hinsicht ganz spezielle Sonderrechte. Beispielsweise bei der Art und Weise, wie sie mit den Hunderttausenden von Menschen umgehen, die für sie arbeiten, entweder direkt

oder für die Wohlfahrtsverbände Caritas und Diakonie. Diese Sonderrechte der Kirchen sorgen allerdings in letzter Zeit immer wieder für heftige Konflikte.

Bis vors oberste Gericht in Deutschland, das Bundesverfassungsgericht,
ging ein Streit darüber, dass Beschäftigte von Caritas und Diakonie ein
Recht nicht haben, das für alle anderen Arbeitnehmer in Deutschland
selbstverständlich ist: das Streikrecht, also das Recht zu sagen: »Ich will
mehr Geld oder kürzere Arbeitszeiten, und wenn ich das nicht bekomme,
gehe ich erst mal nicht zur Arbeit.«

Dieses Recht, das Lokführer oder Piloten in den vergangenen Jahren in
Deutschland immer wieder genutzt haben, gilt beispielsweise nicht für Er-
zieherinnen, die an Kitas der Kirchen arbeiten. Ihre Kolleginnen, die bei
städtischen Kindergärten angestellt sind, haben dieses Recht sehr wohl.

Bei der Kirche allerdings heißt es: »Bei uns geht es nicht so zu wie bei anderen Firmen, wo Chefs und Arbeitnehmer immer mal wieder über Geld
und Arbeitszeiten streiten. Wir haben einen gemeinsamen Auftrag, der
von Jesus kommt – und deswegen regeln wir alles, indem wir miteinander reden. Dabei geraten wir vielleicht auch mal aneinander. Aber richtig
streiten, mit einem sogenannten Arbeitskampf, das gibt es bei uns nicht.«
Deswegen müssen diejenigen, die einen Arbeitsvertrag mit der Kirche
unterschreiben, auf das Recht zu streiken verzichten. Aus diesem Grund
haben die Gewerkschaften Verdi und Marburger Bund, die alle anderen
Arbeitnehmer ganz selbstverständlich zu Streiks aufrufen können, die Kirchen bis vors Bundesverfassungsgericht gebracht. Das hat allerdings im
Sommer 2015 erst einmal den Kirchen recht gegeben.

Scheidung als katholische Erzieherin? Lieber nicht.

Einen Arbeitsvertrag etwa als Erzieherin bei einem katholischen Kindergarten zu unterschreiben, kann aber auch noch ganz andere Folgen haben. Für Schlagzeilen gesorgt hat der Fall der Leiterin einer katholischen Kita in der Nähe von Bonn. Ihr wurde gekündigt. Jedoch nicht, weil sie ihre Arbeit schlecht gemacht hätte. Vielmehr wollte die katholische Kirche die Frau loswerden, weil sie sich von ihrem Ehemann getrennt hat und mit einem anderen Mann zusammengezogen ist.

Einzusehen, dass eine Lebensgemeinschaft auch scheitern kann, ist für viele Frauen und Männer in Deutschland heute völlig normal. Für die katholische Kirche gilt allerdings, dass eine kirchlich geschlossene Ehe »unauflöslich« ist. Wenn jemand das nicht akzeptiert, verstößt er gegen diese Vorstellung. Und dann kann dieser Jemand möglicherweise nicht mehr für die Kirche arbeiten. Der frische Wind, den Papst Franziskus in die katholische Kirche gebracht hat, ist zwar auch in dieser Frage zu spüren. Doch es gibt durchaus Katholiken, die lieber an den alten, strengen Regeln festhalten wollen.

Die evangelische Kirche sieht – wie vieles andere – dieses Thema weit lockerer als die katholische. Deswegen wurde der Fall der Erzieherin aus Rauschendorf bei Bonn auf eine besondere Weise gelöst. Der Kindergarten blieb in kirchlicher Hand. Aber die katholische Kirche hat ihn an die evangelische Konkurrenz abgegeben. Die Kita-Leiterin konnte bleiben, trotz Scheidung und neuem Partner. Nur dass sie eben für eine evangelische Kita arbeitete, nicht mehr für eine katholische.

Die Kirchen und die Milliarden

Die Kirchen müssen sich für das, was sie als Arbeitgeber machen, also immer wieder Kritik anhören. Vielleicht hast du aber auch schon mal deinen Vater oder deine Mutter aus einem anderen Grund über die Kirchen stöhnen hören. Zum Beispiel dann, wenn ein Brief vom Finanzamt mit dem Steuerbescheid im Briefkasten liegt. Je nachdem, wie viel deine Eltern verdienen, werden als »Kirchensteuer« schnell mal 500, 800 oder auch deutlich über 1000 Euro im Jahr vom Lohn abgezogen.

Neben den ganz normalen Steuern, mit denen der Staat Straßen baut oder Lehrer bezahlt, werden also auch Zahlungen fällig, die nur an die Kirchen gehen. Dabei ist es ein weitverbreitetes Missverständnis, zu glauben, dass die Kirchen von diesen Steuern dann das komplette Gehalt etwa der Frauen und Männer aufbringen, die in den vielen Tausend kirchlichen Kitas, Schulen oder Behinderteneinrichtungen arbeiten. Diese über eine Million Arbeitnehmer werden zum allergrößten Teil über die ganz normalen Steuern entlohnt. Der Staat gibt den Kirchen aus seinen Steuereinnahmen entsprechend Geld.

Es ist nicht wenig Geld, das die Kirchen einnehmen – reichen tut's trotzdem nicht!

Auch das gibt's: eigene Banken für die Kirchen

Wozu ist eine Bank da? Aus viel Geld noch mehr Geld zu machen. Wozu ist eine Kirche da? Schon mal nicht, um Geld zu scheffeln. Kann es dann sein, dass es Banken gibt, die den Kirchen gehören? Die Antwort: Ja, es gibt in Deutschland rund ein Dutzend Banken, deren Besitzer im Wesentlichen die katholische und die evangelische Kirche sind und ihre jeweiligen Wohlfahrtsverbände Caritas und Diakonie. Gegründet wurden die meisten dieser Banken vor gut 90 Jahren in Zeiten einer schweren Finanzkrise. Weil die Kirchen keine Kredite bekamen, die sie brauchten, etwa um ihre Krankenhäuser oder Kindergärten in Schuss zu halten, haben sie selbst Banken gegründet. Sie nutzten dabei das Modell der Genossenschaft, also eine Art Selbsthilfeeinrichtung, bei der sich Leute zusammentun, um ein Ziel zu erreichen, das mit Geld zu tun hat, das aber einer alleine nicht verwirklichen kann. Im Gegensatz zu anderen Banken wie etwa Deutsche Bank oder Commerzbank ist das Ziel der Kirchenbanken aber nicht, möglichst viel Gewinn zu machen. Vielmehr geht es ihnen darum, die Geldangelegenheiten für kirchliche Krankenhäuser oder Behinderteneinrichtungen optimal zu regeln. Bei einem Teil der Kirchenbanken können auch Privatleute Konten eröffnen. Dort kriegen sie die Garantie, dass mit dem Geld, das sie der Bank anvertrauen, keine unschönen Geschäfte wie etwa Waffenproduktion oder Atomkraft unterstützt werden.

Was machen die Kirchen also mit dem Geld, das der Staat für sie einzieht? Die Summe ist auf den ersten Blick riesig: Die evangelische Kirche bekommt etwa 4,8 Milliarden Euro aus der Kirchensteuer, die katholische Kirche etwa 5,6 Milliarden. Zusammen sind das mehr als elf Milliarden Euro, in Zahlen geschrieben: 11 000 000 000. Auf den zweiten Blick ist die Summe dann allerdings nicht mehr so groß. Die Kirchen brauchen Geld, um ihre Gebäude zu erhalten. Auch die Räume, in die du als Konfirmand oder Firmling immer gegangen bist, kosten Geld. Von den Kirchensteuern müssen auch die Gehälter von Pfarrerinnen und Pfarrern bezahlt werden. Ebenso die Kirchenmusiker, die am Sonntag Orgel spielen, vielleicht auch Chöre wie den Gospelchor oder den Kinderchor leiten, wollen von etwas leben. Sonderlich hoch sind diese Gehälter übrigens nicht – trotz der vermeintlich vielen Milliarden, die als Kirchensteuer fließen.

Wer reich werden oder auch nur überdurchschnittlich gut verdienen möchte, der geht heute sicher nicht zur Kirche, um dort zu arbeiten. Das Einkommen eines Pfarrers entspricht in etwa dem, was ein Lehrer am Gymnasium oder der Realschule verdient. Wer Pfarrerin oder Pfarrer wird, muss also keine Angst haben, in Armut zu leben. Aber darauf hoffen, dass er irgendwann im Geld schwimmt, braucht er auch nicht.

In solchen Schlössern haben kirchliche Fürstbischöfe vor 300 Jahren gelebt. Verglichen damit sind heute alle Kirchenleute arm.

Das war früher einmal anders. Vor allem in der katholischen Kirche zogen einzelne Geistliche ungeheure Macht und auch Wohlstand an sich. Nicht nur Könige und Kaiser ließen sich früher prächtige Schlösser bauen, auch »Fürstbischöfe«, also katholische Priester, die gleichzeitig große politische Macht hatten, haben gerne in echten Prunkresidenzen gelebt. Gemessen an dem, was vor allem katholische Kirchenleute vor 500 oder 300 Jahren immer wieder verprasst haben, leben die Kirchen heute ausgesprochen

bescheiden. Die Millionen, die der katholische Bischof Franz-Peter Tebartz-van Elst für seine privaten Räume ausgeben ließ, haben im Jahr 2013
für ungeheure Aufregung gesorgt und dazu geführt, dass er seinen Posten
aufgeben musste. Viele katholische Bischöfe des Jahres 1713, 1613 oder
1513 hätten über den Lebensstil von Herrn Tebartz-van Elst nur müde
gelächelt.

Im Vergleich zu Jesus und seinen Jüngern, die vor 2000 Jahren in Sanda-
len umherliefen und nicht wussten, was sie morgen essen würden, mögen die Kirchen in Deutschland also »reich« sein. Dann muss man aber
so gut wie jeden, der heute in Europa lebt, als reich bezeichnen. Verglichen mit den Summen, die wirklich reiche Menschen auf der ganzen
Welt besitzen, ist der »Reichtum« der christlichen Kirchen bescheiden.
Dazu noch eine Vergleichszahl: Diejenigen in Deutschland, die über Ak-
tien den Besitz an Firmen wie Telekom, BMW, Siemens oder Allianz unter sich aufteilen, haben im Jahr 2015 rund 42 Milliarden Euro als Ge-
winnbeteiligung bekommen. Diese sogenannten Dividenden brachten
den Aktionären fast vier Mal so viel Geld, wie die Kirchen als Kirchen-
steuereinnahmen hatten – ohne dass die Aktienbesitzer dafür einen Finger rühren mussten.

Klingelbeutel – ein eigenartiges Stoffteil

Aber nicht nur beim Zahlen der Kirchensteuer geht es ums Geld. Wenn
man selten in Gottesdienste geht, gibt es einen Moment, der einem ganz
besonders eigenartig vorkommt. Der Pfarrer hat in der Predigt gewichti-
ge Sätze gesprochen, über die die Gemeinde anschließend nachdenken

soll – aber kaum, dass das letzte Wort verklungen ist, stehen zwei oder drei Leute auf und lassen dieses merkwürdige Ding aus Stoff und Holz durch die Bänke gehen: den Klingelbeutel. Die Aufgabe, ihn kreisen zu lassen, dürfen gern auch mal Konfirmanden übernehmen.

Fragt sich allerdings, ob ein Gottesdienst nicht besinnlicher, festlicher wäre, wenn man das Thema »Geld« mal komplett weglie
ße, also auch den Klingelbeutel. Wenn du einen Pfarrer das fragst, wird er wahrscheinlich eine Antwort geben, die in diese Richtung geht: »Der Klingelbeutel und auch die Kollekte am Ausgang sind Tradition. Und Traditionen gibt man nicht einfach auf. Außerdem ist der Klingelbeutel eine Gelegenheit für die Kirchgänger, auf eine bestimmte Summe Geld für sich selbst zu verzichten und dieses Geld für etwas Gutes einzusetzen, etwa für die Kirche oder für den Kampf gegen den Hunger in der Welt.«

Wenn du dann weiterfragst, ob dafür nicht auch die vielen Milliarden genügen, die die Kirchen über die Kirchensteuer einnehmen, wird der Pfarrer vielleicht antworten, dass gerade viele ältere Leute keine Steuern zahlen, also auch keine Kirchensteuer. Klingelbeutel und Kollektenkorb sind für sie eine Möglichkeit, dennoch ein paar Euros an die Kirche zu geben. Wenn du schließlich fragst, ob es sich für das Geld, was da hereinkommt, denn überhaupt lohnt, diesen peinlichen Moment auszuhalten, den es bedeutet, den Klingelbeutel herumgehen zu lassen, dann wird der Pfarrer vielleicht als Erstes tief einatmen. Denn er weiß, dass es tatsächlich oftmals nicht besonders laut klingelt in diesem Beutel. Auch das Rascheln von Geldscheinen ist meist nicht besonders deutlich zu hören. In einer Durchschnittsgemeinde liegen vielleicht mal 60 Euro im Klingelbeutel oder auch 90.

Aber es gibt eine andere Zahl, mit der man argumentieren kann, ohne Klingelbeutel würde doch einiges fehlen. An einem durchschnittlichen Sonntag kommen deutschlandweit durch die Kollekten mehr als 1,2 Millionen Euro zusammen, berichtet die Evangelische Kirche in Deutschland. Ganz wenig ist das dann ja auch wieder nicht. Und man darf denen, die dieses Geld einsammeln, durchaus glauben, dass sie es für das ausgeben möchten, was man »einen guten Zweck« nennt. Wobei sich die Frage stellt: Was sind das eigentlich für Leute, die sich Gedanken über »gute Zwecke« machen?

10

CHRISTENMENSCHEN – WAS SIND DAS EIGENTLICH FÜR LEUTE?

Ein Gespräch mit Jonas Bedford-Strohm über Berufe, die einem als jungem Menschen offenstehen, könnte möglicherweise recht eintönig verlaufen. Zumindest, wenn man mit ihm darüber spräche, welche Berufe bei den Männern seiner Familie üblich waren und sind. Stellen wir uns einen kurzen Dialog mit dem 1992 geborenen Jonas Bedford-Strohm vor:

– »Was für einen Beruf hat dein Vater?«
– »Pfarrer.«
– »Und welchen Beruf hatte dein Großvater?«
– »Pfarrer.«
– »Und dein Urgroßvater?«
– »Pfarrer.«
– »Und dein Ururgroßvater?«
– »Pfarrer.«
– »Aha. Und was machen die anderen in deiner Familie so, beispielsweise dein Onkel?«

– »Theologe.«
– »Soso – und für welches Studienfach hast du dich entschieden?«
– »Theologie.«

Jonas Bedford-Strohms Vater heißt Heinrich Bedford-Strohm, er wurde 2014 zum Ratsvorsitzenden der Evangelischen Kirche in Deutschland gewählt. Wenn man sich die Antworten seines Sohnes in dem ausgedachten Interview oben anschaut, könnte man denken: So wie die meisten Konfirmanden sich konfirmieren lassen, »weil man es so macht«, werden auch evangelische Pfarrer Pfarrer »weil man es halt so macht« in ihrer Familie. Man kann sich geradezu fragen, ob es eine Art »Pfarrer-Gen« gibt, mit dem dieser Berufswunsch immer weitergetragen wird. Tatsächlich gab es jahrhundertelang bei evangelischen Pfarrern und Pastoren regelrechte Dynastien. Das heißt, der Sohn oder vielleicht auch mehrere Söhne haben das Vorbild des Vaters gesehen und den gleichen Weg eingeschlagen. Inzwischen können auch Töchter diesen Weg gehen.

Gibt es ein »Pfarrer-Gen«? Heinrich Bedford-Strohm und sein Sohn Jonas haben jedenfalls viele Theologen in ihrer Ahnenreihe.

Dass Kinder den gleichen Beruf wählen wie ihre Eltern, ist natürlich nichts, was nur bei evangelischen Pfarrern vorkommt. Auch in den Familien von Bauern, Handwerkern, Ärzten, Lehrern oder Rechtsanwälten folgen Söhne und Töchter dem Vorbild ihrer Eltern. Und selbstverständlich entscheiden sich auch junge Leute dafür, Pfarrer zu werden, in deren Familie dieser Beruf vorher nie vorgekommen ist. Rund 18 500 hauptamtliche Theologen listet die evangelische Kirche in ihrer Beschäftigten-Statistik auf, bei der katholischen Kirche sind es rund 14 500 Priester.

Pfarrer zu werden, ist also nichts völlig Außergewöhnliches. Es ist aber trotzdem eine besondere Entscheidung. Die Aufgabe bei diesem Beruf besteht ja in nichts Geringerem, als immer wieder eine Verbindung zwischen Gott und den Menschen herzustellen oder diese Verbindung zu verstärken. Das ist ja schon mal ein mächtig hoher Anspruch. »So groß, was kann größer sein?«, heißt es in einem Kinder-Kirchenlied über die Liebe Gottes. Die zu vermitteln, ist die Aufgabe, die Pfarrer sich stellen. Was heißt das für den Berufsalltag? Was müssen Pfarrerinnen und Pfarrer heute für Leute sein?

Kein Job für Feiglinge

Pfarrer ist ganz klar ein sehr spezieller Beruf. Wer sein Arbeitsleben als christlicher Geistlicher verbringen will, muss es sich zutrauen, zu verstehen, was in der Bibel steht. Er muss es sich zutrauen, die Inhalte dieses uralten Buches in den Alltag des heutigen Lebens hineinzutragen. Damit er auch die einzelnen Worte der Bibel entschlüsseln kann, muss er nicht nur Latein, sondern auch Altgriechisch und Hebräisch lernen. Er muss es hinbekommen, die Bibel einerseits nicht wörtlich zu nehmen, sie aber andererseits doch als heilige Schrift zu begreifen, die nicht einfach nur ein Text von vielen ist.

Er muss es sich zutrauen, immer wieder in eine ganz besondere Rolle zu schlüpfen. Wenn sich jemand im Talar vor den Altar stellt, einen Kelch hochhält und die sogenannten Einsetzungsworte fürs Abendmahl spricht, dann steht da nicht irgendein Mensch, der irgendwas tut. Sondern da steht ein Geistlicher, der etwas ganz Besonderes macht.

Hier steht nicht der Privatmann Heinrich Bedford-Strohm, sondern der Geistliche.

Wer Pfarrer werden will, muss sich zutrauen, wirklich gute und packende Reden zu halten, zu einem Thema, das er sich aber nicht aussuchen kann. Nichts anderes ist eine Predigt. Er muss es sich zutrauen, öffentlich immer mal wieder laut und richtig zu singen. Und sei es nur das »Kyrie Eleison«, mit dem die Gemeinde in der alten Kirchensprache Griechisch bittet: »Herr, erbarme dich!«

Wer diesen besonderen Beruf wählt, muss es sich zutrauen, Menschen Trost zu spenden, deren Kind, Ehemann oder Mutter gerade gestorben ist. Er muss es aber auch hinbekommen, bei fröhlichen Festen wie Taufe oder Hochzeit seinen Teil dazu beizutragen, dass alle einen solchen Tag als wirklich schönes Erlebnis in Erinnerung behalten. Das Gleiche gilt natürlich für eine Konfirmation oder Firmung.

Wer Pfarrer oder Pfarrerin werden will, muss damit zurechtkommen, dass ganz verschiedene Leute aus der Gemeinde ganz unterschiedliche Sachen wollen. Der Organist möchte zusätzliche Möglichkeiten für einen neuen Kinderchor und das entsprechende Geld. Die Ex-Konfi-Gruppe will mal richtig feiern, auch vielleicht mit Bier und Wodka im Gemeinderaum. Und mehr Jugendgottesdienste wollen die Ex-Konfis auch. Eine Gruppe von Männern und Frauen im Rentenalter hingegen wünscht sich mehr Rückbesinnung auf traditionelle Gottesdienste, diese Leute möchten gern Abende, bei denen sie über die Bibel nachdenken. Die Leiterin des Kindergartens der Gemeinde wünscht sich zusätzliches Personal. Und sie will die 3000 Euro, die ihre Vorgängerin über ein Jahr hinweg aus der Kita-Kasse geklaut hat, ersetzt kriegen, ohne dass die Leute in der Gemeinde groß etwas davon mitbekommen. Genau wie überall auf der Welt gibt es in Kirchengemeinden nette Menschen und weniger nette. Es gibt engagierte und es gibt verrückte. Und manchmal sogar kriminelle.

Wer Pfarrerin oder Pfarrer werden will, muss mit den sogenannten »Ehrenamtlichen«, also Leuten, die sich in der Gemeinde besonders engagieren, immer wieder zurechtkommen. Aber auch mit Leuten, die im Gesamtaufbau der Kirche über ihm oder ihr stehen. Auch Pfarrer haben Chefs, wenn man vom Posten des Papstes in der katholischen Kirche mal absieht. Dieser ganz besondere Priester, der manchmal auch »Bischof von Rom« genannt wird, hat auf der Erde keinen Vorgesetzten, sondern nur im Himmel. Zumindest sieht man das in der katholischen Kirche so. Damit ist der Papst aber nun wirklich eine Ausnahme unter den christlichen Priestern. Alle anderen haben Vorgesetzte, die Dekan heißen können, Bischof, Erzbischof, Landesbischof, Präses, Kardinal – in der katholischen und der evangelischen Konfession gibt es eine bunte Vielfalt von Leitungsposten.

Gottesmänner, Gottesfrauen

Besonders anstrengend kann es für Pfarrer sein, dass die Leute in ihrer Gemeinde sie gern als ganz besonderen Menschen sehen möchten. Eine Pfarrerin oder ein Pfarrer sollte nicht mit schlechter Laune herumlaufen, sondern immer fröhlich sein, schließlich lebt er ja für das Evangelium, also die frohe Botschaft. Ein Pfarrer sollte nicht laut zweifeln an der Güte Gottes und am Sinn des Lebens, auch wenn er das im Stillen vielleicht immer wieder mal tut. Bei diesem Zweifeln könnte er sich sogar auf Jesus berufen, der am Kreuz zu Gott rief: »Warum hast du mich verlassen?« Ein Pfarrer sollte immer eine Antwort auf die Frage haben: »Was ist wichtig?« Ein Pfarrer sollte nicht öffentlich erklären: »Ich kann das alles nicht mehr glauben, was meine Kirche sagt.« Auch wenn es ihm vielleicht gerade so geht.

Und: Das, was bei anderen Leuten Privatsache ist, etwa die Frage, wie es in der Ehe läuft, ist bei Pfarrern etwas, das von vielen anderen neugierig beäugt wird. Auch evangelische Pfarrer können sich inzwischen scheiden lassen, ohne dass der Himmel über ihnen zusammenbricht. Aber gern gesehen ist so etwas in der Kirche nicht. Eigentlich gilt immer noch das, was jahrhundertelang galt und worunter viele Pfarrerskinder gelitten haben: Die evangelische Pfarrersfamilie soll in jeder Hinsicht ein Vorbild sein.

Und eine Sache gibt es natürlich, die den Entschluss, Pfarrer zu werden, wirklich ganz besonders macht: Solche Leute suchen sich einen Beruf aus, in dem das Unverstehbare, das Unerklärliche eine große Rolle spielt.

Eine sehr große Rolle sogar. Und diese Entscheidung treffen diese Leute in einer Welt, in der es dauernd heißt, dass sich eigentlich alles erklären lasse.

Pfarrer machen also das leicht Verrückte, das in der Religion steckt, zu ihrem Beruf. Verrückt in dem Sinn, dass das, worum es geht, ein bisschen neben das »Normale« gerückt ist. Dazu müssen solche Leute auch selbst ein bisschen verrückt sein, im Sinne von: aus dem Normalen herausgerückt. Bei manchen führt das dazu, dass sie unglaublich viel Energie haben, um Menschen zu begeistern, vielleicht auch in der Konfi-Gruppe. Bei anderen hat es zur Folge, dass sie weiter abdrehen als gut für sie ist.

Vielleicht bist du schon mal einem Pfarrer oder einer Pfarrerin begegnet, einem Reli-Lehrer oder einer Reli-Lehrerin, wo du das Gefühl hattest, der (oder die) war jetzt aber wirklich etwas speziell? Ein kleines bisschen irre sogar vielleicht? Mit so einem merkwürdigen Blick, vielleicht ungewöhnlich strahlend oder auch ungewöhnlich finster? Oder hat dieser Pfarrer, diese Reli-Lehrerin immer mal wieder Sachen gesagt oder auf eine Weise reagiert, wie du es von anderen Leuten nicht kennst? Bist du solchen Leuten im Zusammenhang mit Kirche schon mal begegnet? Nein? Dann achte mal darauf. Solche Leute gibt es in den Kirchen immer wieder. Und das hat seinen Grund: In der Kirche steht ganz grundsätzlich nicht der Verstand im Mittelpunkt oder die Frage »Was denken die anderen Menschen über das, was ich tue?« Vielmehr dreht sich alles ums Glauben. Es geht um das, was man irrational nennt, und um die Frage: »Wie findet Gott das, was ich tue?« Ob man auf andere Menschen vielleicht ein bisschen spleenig oder gar irre wirkt, ist da nicht so wichtig.

Besonders besonders: katholische Pfarrer

Eine außerordentlich große Portion dieses Verrücktseins – das Wort ist auch hier nicht böse gemeint – brauchen junge Männer, die sich entschließen, katholische Priester zu werden. (Junge Frauen müssen über diese Frage nicht nachdenken, denn die katholische Kirche ermöglicht es ihnen ja nicht, sich für diesen Beruf zu entscheiden.) Wer katholischer Priester wird, muss zu einem großen Teil zum Gleichen bereit sein, wofür sich auch evangelische Pfarrer entscheiden: einen ganz besonderen Beruf ausüben, an den verschiedenste Leute unterschiedlichste Ansprüche stellen. Ansprüche, die zu erfüllen nicht immer leicht ist.

Wer zum katholischen Priester geweiht wird, muss zeigen, dass er vieles von seinem eigenen Willen aufgibt. Ein Zeichen dafür ist es, dass er sich auf den Boden legt.

Wer beschließt, katholischer Priester zu werden, trifft darüber hinaus aber noch eine Entscheidung, die das Leben völlig verändert. Er legt fest, dass er komplett unterdrücken will, was nach Einschätzung so ziemlich aller Psychologen und Biologen eine der energiereichsten Antriebskräfte im Menschen ist: die Sexualität. Er verpflichtet sich also, dass er jedes Verliebtsein konsequent ignoriert und wegdrückt. Und er beschließt, dass er keinen Ehepartner haben wird, keine Kinder, keine Enkelkinder, keine Familie.

So einen Entschluss durchzuhalten, ist ausgesprochen schwierig. Es gelingt bei Weitem nicht immer. Deshalb gibt es eine ganze Menge Kinder, deren Vater katholischer Priester ist. Das darf natürlich nicht öffentlich werden, zumindest nicht, solange der Vater weiter Priester bleiben möchte. Einige Schätzungen sprechen aber alleine in Deutschland von Hunderten solcher Kinder, mitunter ist sogar von mehreren Tausend die Rede. Wie viele es wirklich sind, weiß niemand.

Es muss einen nicht wundern, dass sich unter denen, die trotzdem katholischer Priester werden möchten, eine ganze Menge Leute finden, die etwas speziell sind. Die strengen Regeln für katholische Pfarrer sorgen allerdings nicht nur dafür, dass es manchmal etwas sonderbare Persönlichkeiten sind, die man in diesem Beruf findet. Die harten Anforderungen sorgen auch dafür, dass es in Deutschland bei Weitem nicht mehr genug junge Leute gibt, die diesen Beruf ergreifen möchten. Während die evangelische Kirche durchaus noch Nachwuchs findet, müssen die katholischen Gemeinden in Deutschland immer stärker auf Pfarrer aus Ländern wie Polen, den Philippinen oder Indien zurückgreifen. Wodurch es für die Gemeinde nicht einfacher wird, zu verstehen, was bei einer Hochzeit, bei einer Beerdigung oder bei der Firmung gesagt wird oder auch wenn es darum geht, einen ganz normalen Gottesdienst zu feiern.

Wobei man sich durchaus mal die Frage stellen kann, ob das Wort »feiern« eigentlich zu dem passt, was sonntags und an ein paar anderen Tagen in den Kirchen geschieht.

11

DAS NENNEN DIE FEIERN?

Die Welt könnte so schön sein. Dann zum Beispiel, wenn es dem Pfarrer im Gottesdienst gelänge, die gleiche magische Atmosphäre zu schaffen wie sie Yoda in *Star Wars* ausstrahlt. Oder Gandalf im *Herrn der Ringe*. Oder Dumbledore in *Harry Potter*. Natürlich klingt diese Idee verrückt. Aber warum eigentlich? Halten wir zunächst fest: Die allermeisten Menschen mögen es, wenn so etwas wie eine magische Stimmung aufkommt. Sie sehnen sich sogar danach. Deswegen sind Fantasy-Filme und Fantasy-Bücher so erfolgreich.

Und auch wenn besonders fromme Katholiken oder Protestanten den Vergleich fürchterlich finden werden: Das, was man in der Kirche »Liturgie« nennt – mit Orgelmusik, eigenartigen Gesängen, besonderer Kleidung – hat eine ganze Menge mit dem gemeinsam, was bei Büchern oder Filmen »Fantasy« heißt. Es ist dabei ganz klar, wer da wen kopiert hat. Christliche Gottesdienste gab es schon Jahrhunderte und Jahrtausende, bevor Yoda oder Gandalf erfunden wurden.

Der Geist sei mit dir – oder lieber die Macht?

Man muss nicht lange suchen, um zu erkennen, dass Fantasy-Autoren auf das zurückgreifen, was sich in Kirchen finden lässt. Yoda oder Gandalf laufen nicht in Jeans und Anorak herum. Die werfen sich eine Kutte über, die ein bisschen aussieht wie der Talar eines Priesters. Von »Accio« über »Mobilcorpus« bis »Veritaserum« – die Zaubersprüche bei Harry Potter haben viel mit Latein zu tun. Es ist kein Zufall, dass die Harry-Potter-Erfinderin sich bei der Sprache bedient hat, in der lange Zeit die christliche Botschaft verkündet wurde. In der katholischen Kirche spielt Latein immer noch eine große Rolle.

Schade, dass der nie in den Konfer oder den Firmunterricht kommt, um über »Spiritualität« zu reden.

Im Gottesdienst sagt die Gemeinde »und mit deinem Geiste«, nachdem der Pfarrer gesagt hat: »Der Herr sei mit euch.« Bei *Star Wars* sagt Yoda: »Möge die Macht mit dir sein.« Da fällt doch eine gewisse Ähnlichkeit auf, oder? Auf Englisch sind die Sprüche noch näher beieinander. Im englischen Original von *Star Wars* heißt es: »May the Force be with you«, in englischsprachigen Gottesdiensten sagt der Priester zur Gemeinde: »The Lord be with you.« Oder die Musik. Sie klingt in Fantasyfilmen nicht selten nach Kirchenmusik, etwa dann, wenn im Titelstück von *Der Herr der Ringe* ein Chor zu singen beginnt. Gänsehaut-Feeling …

Let's have a party

Du denkst jetzt vielleicht: Gänsehaut – die bekomme ich höchstens, weil es so grässlich falsch klingt, was die paar dünnen Stimmen da im Gottesdienst zusammenkrächzen. Das ändert aber nichts daran: In den Gottesdienst gehen Menschen durchaus, weil sie ein bisschen Magie spüren wollen. Sie nennen es dann nur meist anders. Sie reden von Spiritualität, vom Heiligen Geist. Es gibt aber noch einen anderen Grund, aus dem Menschen in Gottesdienste gehen. Manche tun das aus dem gleichen Bedürfnis heraus, aus dem andere Leute Konzerte von One Direction oder Kraftclub besuchen. Sie wollen in einer großen Gruppe aufgehen, sich selbst vergessen. Solche Momente kann man haben, zum Beispiel wenn man mit anderen gemeinsam singt.

Gruppenerlebnisse kann man auch bei Kirchentagen haben.

Vor allem sogenannte evangelikale Gruppen, die in den USA und auch in Lateinamerika weit verbreitet sind, schaffen es selbst heute noch in Gottesdiensten, Kirchgänger in einen Gruppen-Rausch zu versetzen, wie ihn sonst eher Besucher von Popkonzerten erleben. Oder auch die Ultras in der Fankurve einer Fußballmannschaft, die gerade einen besonders grandiosen Sieg hinlegt. Es hat schon seinen Grund, warum Internetsuchmaschinen für den Begriff »Fußballgott« viele hunderttausend Fundstellen liefern.

Das ist auch einer der Gründe, warum Kirchentage gerade bei jungen Leuten durchaus beliebt sind. Das gilt für die Treffen der evangelischen Kirche genauso wie für die der katholischen. Bei Kirchentagen geht es nicht darum, eine Pflicht zu erfüllen, für die man einen Stempel bekommt, wie es viele Gemeinden von Konfirmanden oder Firmlingen verlangen. Bei solchen Großtreffen steht das Gruppenerlebnis im Mittelpunkt. Und das entsteht alleine schon dadurch, dass eine große Zahl von gleichgesinnten Menschen zusammenkommt. Das gilt fürs Fußballstadion eben genauso wie für den Abschlussgottesdienst beim Kirchentag.

Im Alltag mag es unglaublich peinlich sein, zu sagen: »Ich interessiere mich schon irgendwie für die Sache mit dem Christentum.«, oder gar ganz eindeutig zu bekennen: »Ich bin Christ!« Selbst der Ratsvorsitzende der Evangelischen Kirche in Deutschland, Heinrich Bedford-Strohm, ist der Ansicht, öffentlich über die eigene Religiosität zu reden, sei für viele mindestens so unangenehm wie das Reden über den eigenen Sex. Auf einem Kirchentag mag es auch viel Peinliches geben, aber das ist viel besser auszuhalten, weil hier aktive Christen unter sich sind.

Schluss mit besinnlich

Da sind wir allerdings beim Problem, vor das dich ein normaler Sonntagsgottesdienst stellt. Da ist man vielleicht nicht ganz allein in der Kirche. Aber Gruppenerlebnis? Puuuh … In evangelische Kirchen gehen an einem durchschnittlichen Sonntag um die 900 000 Menschen. Das klingt erst mal nach gar nicht so wenig. Doch wenn man es mit der Zahl der Menschen vergleicht, die offiziell evangelisch sind, stellt man fest: Rund

96 von 100 gehen sonntags *nicht* in die Kirche. Katholiken sind in dieser Hinsicht zwar etwas fleißiger, aber auch hier ist der Anteil der Kirchgänger an allen Kirchenmitgliedern nicht überragend hoch: Rund elf von hundert Katholiken besuchen sonntags einen Gottesdienst, rechnet die katholische Bischofskonferenz vor. Egal ob katholisch oder evangelisch: Für die Christen in Deutschland ist das Normale, sonntags *nicht* in die Kirche zu gehen. Zumindest wenn man als »normal« das betrachtet, was die große Mehrheit tut.

Vor hundert oder gar 200 Jahren war das anders. Da hättest du im Gottesdienst so gut wie alle deine Freunde, Nachbarn, Bekannten gesehen. Heute wird das eher nicht so sein. Wenn du an einem durchschnittlichen Sonntag die Leute zählst, die sich auf die Bänke deiner Kirche verteilen, wie viele sind es? 30 möglicherweise, oder 50? Vielleicht auch 60. Aber viel mehr werden es nicht sein, die sich da im Kirchenraum verstreuen, der an solchen Tagen viel zu groß für die Gruppe ist, die sich dort einfindet.

Du erinnerst dich vielleicht noch an das Gefühl, als du das erste Mal in einen Gottesdienst gegangen bist, der nichts mit Weihnachten, einer Taufe oder einer Beerdigung zu tun hatte. Wie hat sich das angefühlt? Passt das Wort »deprimierend«? Der Pfarrer in seinem Talar, der möglicherweise immer wieder von Sünde und Vergebung geredet hat? Die Lieder, in denen immer wieder vom Sünder die Rede ist, dem Gott vergeben soll? Oder passt das Wort »fremd« vielleicht?

Du fragst dich, was das soll, dass da jemand auf eine Kanzel steigt, wenn er zu dir reden möchte. Unten vorm Altar hörst du ihn doch genauso gut (oder schlecht). Oder die Lieder: Da sollst du immer wieder mitsingen, aber du kommst nicht rein, selbst wenn du es wollen würdest. Denn ein Kirchenlied ist meist doch ganz anders als ein Song von Taylor Swift. Auch wer von der noch nie etwas gehört hat, könnte spätestens nach zwei Minuten die wichtigsten Stellen von »Shake it off« mitsingen, »Aha« – und eben: »Shake it off«. Aber »Kyrie eleison …?« Da trägt's dich sofort aus der Kurve, wenn du versuchst, doch mal einzustimmen. Oder nehmen wir Andreas Bourani: Den Refrain von »Ein Hoch auf uns« mitzusingen, klappt ziemlich schnell. Wenn es in der Kirche heißt: »Die Herzen in die Höhe«, weißt du nicht, wie's weitergeht, nicht wahr? Kleiner Tipp: Es heißt: »Wir erheben sie zum Herren.«

Muss das so sein?

Bleiben wir bei Andreas Bourani. Rund 28 Millionen Aufrufe hatte alleine das offizielle Video von »Auf uns« Ende 2015 auf Youtube. Das ist um einiges mehr, als katholische oder evangelische Kirche in Deutschland jeweils Mitglieder haben. Und diesen riesigen Erfolg hat Bourani mit einem Lied, in dem es von Wörtern und Wendungen wimmelt, die auch im Gottesdienst oder im Reli-Unterricht vorkommen könnten: »Unendlichkeit«, »ewig«, »vom ersten Schritt bis ins Grab«, »ein Augenblick, der uns unsterblich macht«. Nur, dass es den meisten nicht peinlich ist, sich so etwas von Andreas Bourani anzuhören oder mitzusingen. Wenn der Pfarrer davon redet, hingegen …

Wie kommt es aber, dass Gottesdienst oft so fremd und peinlich ist? Auch hier lautet die Antwort: Die Regeln, nach denen Gottesdienste ablaufen, sind etwas sehr, sehr Altes. Und das bringt heute gleich eine ganze Reihe von Schwierigkeiten mit sich. Ein Problem: Wenn da am Anfang des Gottesdienstes ein »Introitus« gesungen wird, dann ist der Text möglicherweise über 3000 Jahre alt, die Melodie wird auch schon weit über 1000 Jahre gesungen. Das ist nicht nur weit weg, das klingt auch so. Im Gesangbuch wimmelt es nur so von Liedern, die 400 Jahre alt sind, 300 Jahre, 200 Jahre. Gegen die Sprache der meisten dieser Lieder ist das Glaubensbekenntnis geradezu modern.

Hast du schon mal diese komische Liedzeile gehört: »Alfred hat nun ein Ende«? Nein? Okay, so heißt es auch gar nicht wirklich, es klingt nur so. In Wirklichkeit heißt es »All Fehd hat nun ein Ende«. Aber weißt du auch, was das heißen soll? Verstehst du, dass es bedeutet, alle Fehden, also alle Kriege und Streitigkeiten, sind jetzt vorbei? Nein? Macht nichts, da geht es dir wie vielen anderen, die denken: »All Fehd, was für ein komisches Wortpaar …«

Das ist nur eines von Hunderten Beispielen sehr, sehr eigentümlicher alter Sprache im Gesangbuch. Und selbst die Lieder, die viele alte Leute in der Kirche für »neu« halten, haben auch schon Jahrzehnte auf dem Buckel. Der Kirchenlied-Schlager »Danke« wurde 1961 komponiert und getextet. Zu dieser Zeit waren vielleicht deine Großeltern jung.

Nun könnte man sagen: Das ist ja absolut faszinierend, bei etwas mitzumachen, was 500 Jahre alt ist, 1000 Jahre, 2000 Jahre. So ein Gottesdienst könnte ja geradezu ein Mittelalterfestival sein. Der Pfarrer trägt Schwarz, hat vielleicht eine Stoffbahn mit geheimnisvollen Zeichen über den Schultern, im Hintergrund brennen Kerzen, geradezu gothic-mäßig. Aber diese Faszination zu finden, wird dir ganz schön schwergemacht.

Denn du müsstest dich als Erstes wie ein Archäologe durch all das wühlen, was sich in Hunderten und Tausenden von Jahren angesammelt hat. Das »Evangelische Gesangbuch« hat in seiner aktuellen Ausgabe 1624 Seiten. Davon beschäftigen sich nicht weniger als 148 Seiten mit den verschiedenen Formen, die ein evangelischer Gottesdienst haben kann!

Wenn es dich tröstet: Es kann leicht passieren, dass auch jemand, der in Nürnberg jahrzehntelang in Gottesdienste geht und ganz genau weiß, wann er dort was machen muss, völlig aus dem Konzept gerät, sobald er sich mal in Hamburg oder in Leipzig in eine evangelische Kirche setzt. Denn in ihrer langen Geschichte haben die christlichen Kirchen an einem Ort ihre Entscheidungen über den Gottesdienstablauf auf eine Weise getroffen und an einem anderen Ort auf eine andere Weise.

In der katholischen Kirche ist die Sache nicht ganz so unübersichtlich. Sie versteht sich als »Weltkirche«. Das heißt, egal, an welcher Stelle des Globus Katholiken leben, sollen sie sich gemeinsam auf das Zentrum ihrer Kirche in Rom ausrichten und auf den Papst als Spitze ihrer Gemeinschaft. Dazu gehört auch, dass ein katholischer Gottesdienst in Mexiko große Ähnlichkeit mit einem Gottesdienst in Passau haben sollte. Während ein evangelischer Gottesdienst, wie er in New York gefeiert wird, möglicherweise nur am Rande etwas mit einer Liturgie in Berlin zu tun hat.

Stellt sich die Frage: Kann man es nicht trotzdem so hinbekommen, dass Gottesdienste sich weniger fremd und peinlich anfühlen? Kann man den jahrhunderte- und jahrtausendealten Kram nicht einfach über Bord werfen? Die Antwort lautet: Nein, kann man nicht. Dafür gibt es zwei

Gründe: Viele (oftmals alte) Leute, die noch in Gottesdienste gehen, wollen den Ablauf so behalten, wie er ist. Es geht ihnen um das, was man Tradition nennt. Und die ist für die christlichen Kirchen wirklich wichtig. Leute, die auf Tradition Wert legen, empfinden bei der alten Art von Gottesdienst möglicherweise etwas, das du schlicht nicht verstehen kannst. So wie du es möglicherweise auch nicht kapierst, dass sich jemand vier Stunden lang in eine Oper von Komponisten wie Richard Wagner setzt und dafür auch noch unglaublich viel Geld ausgibt. Aber es gibt solche Menschen.

Der zweite Grund, warum man leicht scheitern kann, wenn man den Ablauf, also die Liturgie, verändern möchte: Den Versuch, es völlig anders zu machen im Gottesdienst, finden möglicherweise einige wenige gelungen. Das könnten vor allem diejenigen sein, die viel Energie in diesen Versuch stecken, junge Leute vielleicht. Aber die anderen können mit der neuen Musik, den neuen Texten, dem neuen Ablauf ebenso wenig anfangen wie mit dem traditionellen Gottesdienst. Wenn man vom Gottesdienst die Tradition wegnimmt, die alten Lieder, die alten Abläufe, die alten Texte, dann hat man zwar die alte Feier abgeschafft. Aber man hat deswegen noch keine neue Art zu feiern gefunden. Sondern man hat dann möglicherweise gar nicht mehr viel.

Das gilt auch etwa fürs Abendmahl. Das mag sich für dich eigenartig anfühlen. Bis dahin, dass es fast unangenehm ist, dort mit den anderen Leuten zu stehen, von denen viele so furchtbar alt sind. Und warum diese trockene Oblate etwas mit dem Brot zu tun haben soll, das Jesus mit seinen Jüngern gegessen hat, oder gar mit dem »Leib Christi«, das verstehst du einfach nicht. Du spürst es auch nicht. Aber deshalb zu sagen: »Wir beißen in ein Stück Baguette und denken dabei an Jesus.«, wäre auch keine Lösung, um das Unangenehme, das Peinliche aufzulösen.

Der alte Gottesdienst hält aber nicht nur Peinlichkeiten bereit, sondern schon auch die Chance zum Gänsehaut-Gefühl. Wenn du dem mal ein bisschen nachspürst, merkst du: Da passiert irgendwie auch etwas Besonderes, etwa wenn die Leute zum Abendmahl gehen. Nur deshalb, weil es so besonders ist, kann es ja peinlich sein. Am Pausenkiosk in der Schule zu stehen, ist nicht peinlich. Es hat aber auch keine besondere, möglicherweise geheimnisvolle Energie.

Manche spüren etwas ganz Besonderes beim Abendmahl – andere nicht so sehr.

Oder hör mal genauer hin, wie es klingt, wenn eine Gemeinde das Vaterunser murmelt. Das hat etwas Außergewöhnliches, das kann einem durchaus ein Gänsehaut-Gefühl geben. Es geht ja beim Vaterunser oder beim Glaubensbekenntnis nicht so sehr darum, dass man sich die einzelnen Worte durch den Kopf gehen lässt, die gesagt werden. Es geht darum, gemeinsam mit anderen durch Sprechen oder auch Murmeln einen ganz bestimmten Klang zu erzeugen und auf diese Weise zu einer Gruppe zu werden.

Und es gibt auf jeden Fall einen Moment im Kirchenraum, der so gut wie jedem, der ihn erlebt, ein Gänsehaut-Gefühl gibt: Wenn der Pfarrer oder die Pfarrerin dir als Konfirmand oder Firmling die Hand auf den Kopf legt, während du vor dem Altar kniest, dann ist das etwas ganz, ganz anderes, als wenn deine Mutter ihre Hand auf deine Stirn legt, um zu fühlen, ob du Fieber hast. »Einsegnung« mit Hand auf dem Kopf – das ist besonders, nicht wahr? Wobei es eine ganze Menge Leute gibt, die sagen, wer Gänsehaut-Gefühl sucht, der wird bei der römisch-katholischen Kirche leichter fündig als bei der evangelischen. Es lohnt sich, diese Behauptung mal etwas genauer anzuschauen.

12

SIND KATHOLIKEN COOLER?

Stellen wir uns vor, RTL würde eine Show gestalten mit dem Titel »Die zehn spektakulärsten Gottesdienste«. Oder eine Sendung unter der Überschrift »Die 25 prächtigsten christlichen Gotteshäuser«. Wenn wir überlegen, wie die Planung so einer Sendung aussähe, dann dürfte schnell klar werden: Da liegt die katholische Kirche ganz weit vorne.

Sicher feiern auch Christen, die nicht den Papst als ihr geistliches Oberhaupt sehen, manchmal berauschende Gottesdienste. Die finden dann aber meist in Afrika, den USA oder vielleicht in Brasilien statt. Der durchschnittliche evangelische Gottesdienst in Deutschland, Österreich oder der Schweiz ist eine recht ruhige, geradezu trockene Veranstaltung. Bei einem katholischen Durchschnittsgottesdienst hingegen wird einiges mehr für die Sinne geboten – zum Gucken, Hören, Riechen.

Der katholische Priester hat prächtig bestickten Stoff über den Schultern, er wird von Messdienern unterstützt, deren blütenweiße Gewänder im Kerzenschein leuchten. Der Kelch beim Abendmahl blinkt und glitzert.

Der Weihrauch kann in katholischen Gottesdiensten etwas geradezu Berauschendes haben.

Gottesdienst kann überirdische Momente haben – die katholische Kirche weiß das besonders gut.

Bei der »Wandlung«, wenn die Hostie nach Überzeugung der Katholiken zum Leib Christi wird, verbreitet eine Altarschelle magischen Klang. Weihrauchgefäße werden geschwenkt und verströmen einen Duft, den viele Menschen betörend finden.

Wenn es eine ältere Kirche ist, in der die katholische Messe zelebriert wird, dann findet das Auge noch jede Menge anderes, woran es hängen bleiben kann: üppige Engelsfiguren vielleicht. Statuen von Maria, deren sanftes Gesicht Trost spendet. Bilder von Märtyrern, die auf gruselige Weise getötet werden. An den Wänden und Säulen wie auch über den Seitenaltären einer durchschnittlichen katholischen Kirche ist einfach mehr los als in einem evangelischen Gotteshaus. Denn bei den Protestanten soll es um das Wort Gottes gehen. Alles, was davon ablenken könnte, ist bei den meisten evangelischen Christen schon seit fünf Jahrhunderten verpönt.

Aber die katholische Kirche hat auch in anderer Hinsicht vieles, was die Fantasie anregt und das auf Touren bringt, was man Glaube nennt. Also das, was nicht so viel mit dem verstandesmäßigen Erfassen zu tun hat. Als Katholik kannst du dir unter Hunderten Heiligen einen aussuchen, von dem du beschließt, dass der ganz speziell für dich zuständig sein soll. Der hat ein eigenes Gesicht, eine Lebensgeschichte, du kannst diesen Heiligen zu deinem Beschützer und Lehrmeister machen.

Wenn du dir den richtigen Heiligen (oder die richtige Heilige) auswählst, musst du dich nicht mit Bildern und Geschichten begnügen, du kannst mit etwas Glück Teile des Körpers deiner Leitfigur heute noch ansehen, Fingerknochen etwa oder möglicherweise sogar den ganzen Schädel. Es

kann einen zwar ein bisschen gruseln, wenn man vor so einem Totenkopf oder gar einem ganzen Skelett steht. Doch den Resten eines Heiligen ganz nahe zu sein, ist etwas anderes als Alltag. Vor allem, wenn du daran glaubst, dass von diesen Knochen eine besondere Kraft ausgeht. Diese Reliquien, wie sie in der kirchlichen Fachsprache heißen, haben für viele Gläubige eben etwas Heiliges.

Allein in der katholischen Kirche St. Ursula in Köln werden rund 700 Schädelreliquien aufbewahrt.

Auch Kleidungsstücke, die ein Heiliger berührt hat, können nach dem Gefühl vieler Katholiken eine besondere Kraft ausstrahlen. Das Gleiche gilt für die Orte, an denen sich jemand wie etwa Franziskus von Assisi aufgehalten hat. In dessen Klosterzelle einfach still zu sein, das kann sich auch für Nicht-Katholiken außergewöhnlich anfühlen. Oder die Kathedrale von Santiago de Compostela in Spanien: Dort gibt es an der Eingangspforte einen Stein, an den seit vielen hundert Jahren Millionen von Gläubigen gefasst haben, weil es zum Ritual des Pilgerns zu diesem Heiligtum gehört. Der Stein ist schon ganz ausgehöhlt von den unzähligen Berührungen gläubiger Menschen, da jeder Einzelne ein klitzekleines bisschen davon mit seinen Fingern abgetragen hat. In diese Höhlung zu fassen, die sozusagen durch den Glauben von Millionen von Menschen in den Stein gegraben wurde, kann auch bei weitgehend Ungläubigen ein besonderes Gefühl auslösen.

In Bamberg wird einer der Nägel verehrt, mit denen Jesus gekreuzigt worden sein soll.

Ganz besonders kraftvoll und mächtig sind natürlich Reliquien, wenn sie Jesus Christus zugeordnet werden. In Bamberg in Oberfranken wird beispielsweise einer der Nägel verehrt, mit denen Jesus ans Kreuz geschlagen worden sein soll. In Trier wird ein Kleidungsstück aufbewahrt, in dem Stoffteile enthalten sein sollen, die Jesus einst getragen hat. Holzsplitter, die vom Kreuz Christi stammen sollen, werden von Katholiken über die ganze Welt verstreut angebetet, selbst einzelne Blutstropfen, die bei der Kreuzigung aufgefangen worden sein sollen, finden sich in vielen Kirchen.

Morgens Predigt, abends Party

Auch in noch anderer Hinsicht hat die katholische Kirche Sachen zu bieten, bei denen die Evangelischen einfach nicht mithalten können. Wenn regelmäßig rund 40 000 bis 50 000 junge Deutsche zur Wallfahrt nach Rom fahren, dann kommen drei Dinge zusammen, die Erinnerungen an eine gute Zeit garantieren: Erstens das Gruppenerlebnis mit einer riesigen Zahl von Gleichaltrigen und Gleichgesinnten. Zigtausende auf dem Petersplatz in Rom, das ist mindestens so rauschhaft wie ein Finalspiel in einer Fußballarena in München, Berlin oder Dortmund. Zweitens das Herumstreifen in einer wunderschönen Stadt, in der es an jeder Ecke heißt: »Dieser Stein, dieses Bild, diese Statue ist heilig.« Drittens das Zusammentreffen mit einem einzigartigen internationalen Superstar, in diesem Fall dem Papst. Wenn 50 000 skandieren »Paaaapst Franziskus« und hinterher im gleichen Rhythmus klatschen, dann ist mehr Stimmung als bei manchem Popkonzert.

Wenn du mal jemanden triffst, der bei so einer Ministrantenwallfahrt dabei war, und ihn fragst, wie er es fand, dann wird er mit ziemlich großer Sicherheit sagen: Voll geil! Dass zumindest die älteren Ministranten sich bei der Gelegenheit gerne ein Bier oder auch zwei beschaffen, vielleicht auch Wodka, versteht sich von selbst. Und weil die Wallfahrer ja etwa zur Hälfte Jungs und zur anderen Hälfte Mädchen sind, kommt so mancher und so manche auch mit schönen Erinnerungen zurück, von denen die Kirche eigentlich lieber nicht so viel wissen möchte. Dass die meisten Mädchen bei so einer Wallfahrt den ganzen Tag in superkurzen Hosen und mit Spaghettiträgern herumlaufen, kann die Kirche ja auch nicht verhindern. Oder wie es ein ehemaliger Teilnehmer einer solchen Wallfahrt sagt: »Knutschen und beten, war beides super.« Es wird also die perfekte Kombination magischer Momente geboten.

Das ist vor allem deswegen möglich, weil es der katholischen Kirche bei vielen Menschen gelingt, sozusagen einen Empfangskanal fürs Übersinnliche zu öffnen – ohne gleichzeitig die Empfangskanäle für anderes zu verschließen. Wer im Katholizismus aufgewachsen ist, findet möglicherweise Zugang zu einer Wirklichkeit außerhalb der sichtbaren Welt. Das kann durchs Mitmurmeln von Gebetsformeln geschehen, bei denen es nur um den Klang geht und nicht um den Inhalt, das kann durch die Verzauberung der Sinne durch Bilder, Düfte, Klänge geschehen. Wer sich darauf einlassen kann, der hat immer wieder das Gefühl, er stehe in direkter Verbindung mit etwas Göttlichem. Zur katholischen Tradition gehört es aber auch, dass man es sich im Alltagsleben auf der Erde gut gehen lassen kann. Das fromme Beten vorm Altar ist das eine, mit Freunden hinterher trinken zu gehen, ist das andere. Aber beides passt in der katholischen Glaubenswelt zusammen und macht das Leben für diejenigen, die daran glauben, reicher.

Wenn Zigtausende junge Deutsche zur Wallfahrt nach Rom fahren, geht's um die Kirche – aber auch ums Spaßhaben.

Alles in allem: Wenn es ums Erleben mit den Sinnen geht, kann die evangelische Kirche einfach nicht mit dem mithalten, was die römisch-katholische Kirche bietet, auch wenn es ebenso bei den Protestanten rundum feierliche Gottesdienste geben mag, schmissige Kirchentage und Konfi-Freizeiten, an die sich alle gern erinnern. Wenn es heißt, beim Glauben den Kopf auszuschalten und einfach auf Augen, Ohren, Nase, Hände zu setzen, dann macht es die katholische Kirche einem leichter. Wenn man den Kopf *nicht* ausschalten will oder kann, macht es einem die katholische Kirche allerdings noch ein ganzes Stück schwerer als die evangelische.

Die römisch-katholische Kirche gibt sich heute gern recht modern. Das Mittelalter, in dem alles, was in der Bibel steht, wörtlich genommen wurde, habe man weit hinter sich gelassen, heißt es von Pfarrern, Bischöfen und auch vom Papst. In einigen Bereichen aber hält die katholische Kirche an den strengen Regeln der Vergangenheit fest. Sie schleppt dann doch auch Teile des Mittelalters mit in die Gegenwart.

Frauen dürfen einiges, aber bei Weitem nicht alles

So gelten bei der Frage, was Frauen dürfen und was nicht, an den wichtigsten Punkten immer noch die gleichen Regeln wie vor 1000 Jahren. Manche gläubige Katholiken beten zwar eine bestimmte Frau fast noch intensiver an als Christus oder Gottvater. Für die Anbetung der Gottesmutter Maria passt oft das alte Wort »inbrünstig«. Auch andere Frauen als Heilige zu verehren, gehört zur katholischen Kirche fest dazu. Aber nicht nur, wenn es um die Verehrung von Heiligen geht, spielen Frauen in der katholischen Kirche eine wichtige Rolle. Man kann sie bei Lesungen in katholischen Gottesdiensten hören, auch in Kirchenchören sind ihre Stimmen sehr gefragt. Mädchen und Frauen sind inzwischen als Messdienerinnen zugelassen, was viele Jahrhunderte lang undenkbar war. Und wenn sich in Rom Zigtausende deutsche Ministranten zur Wallfahrt versammeln, dann sind eben etwa die Hälfte Ministrant*innen*.

An einer wichtigen Stelle aber heißt es von der katholischen Kirche für Frauen und Mädchen: STOPP! Wenn es darum geht, wer Priester werden kann, lautet die Antwort: nur Männer! Da ist es in der katholischen Kirche völlig egal, wie gläubig, fromm, für das Priesteramt begabt eine Frau sein mag. Wenn eine sich darum bewirbt, gibt die katholische Kirche die gleiche Antwort wie vor 500 oder 1000 Jahren: »Nein!«

»Ministrantinnen ja – Pfarrerinnen nein«, heißt es in der katholischen Kirche.

Bewegung fast unmöglich

Die Hauptbegründung dafür, dass Frauen in der katholischen Kirche vom Priesteramt ausgeschlossen sind, lautet: Jesus hat sich nur Männer als Jünger gesucht. Unter den zwölf Aposteln war keine Frau. Die meisten evangelischen Kirchen, die sich über die Welt verteilen, argumentieren hier nicht so wie die römisch-katholische Kirche. Die aber hält eisern an dem fest, was sie seit Jahrhunderten predigt: Frauen dürfen einiges, aber bei Weitem nicht alles.

Und es ist nicht zu erwarten, dass der Papst und die Kardinäle, die ihn umgeben, in absehbarer Zeit ihre Haltung ändern. Selbst wenn sie es wollten, sie könnten es wahrscheinlich gar nicht. Denn für die katholische Kirche gilt in vielen Bereichen der Grundsatz: »Es gibt Dinge, bei denen lässt sich nicht darüber diskutieren, wie man sie macht. Die sind so und die bleiben so.« Von einem »Dogma« ist die Rede, wenn etwas von niemandem hinterfragt werden kann. Die evangelischen Kirchen kennen so etwas in dieser Form nicht, sie tun sich deshalb mit manchen Herausforderungen der modernen Welt leichter. Etwa mit der Frage, wie man Themen wie »Ehe« und »Sex« behandeln soll. Solange Menschen verantwortungsvoll miteinander umgehen, wollen sich die meisten evangelischen Kirchen, zumindest in Europa, da heute nicht mehr sonderlich einmischen. Bei der katholischen Kirche sieht das anders aus.

So heißt es bei Katholiken beispielsweise weiterhin, eine Ehe, die ein Priester in der Kirche geschlossen hat, kann nicht geschieden werden. Wer katholisch geheiratet hat, später aber feststellt, dass das keine so gute Idee war, kann zwar wie jeder andere seine staatliche Ehe auf dem Standesamt auflösen lassen. Hinterher ist auch ohne jedes Problem eine weitere staatliche Trauung möglich. Wenn es sein soll, auch eine dritte und eine vierte. Wer aber ein zweites Mal auf katholische Weise kirchlich heiraten möchte, der wird fast immer auf Granit beißen.

Die katholische Kirche geht jedoch noch weiter. Wer auf eine zweite kirchliche Trauung verzichtet, aber auf dem Standesamt ein zweites oder drittes Mal heiratet, der müsste von katholischen Priestern anders behandelt werden als andere Gemeindemitglieder. Zum kirchlichen Abendmahl sind solche »geschieden Wiederverheiratete« eigentlich nicht zugelassen. Allerdings drücken viele katholische Pfarrer hier immer wieder ein Auge zu, manchmal auch zwei.

Passend machen, was nicht passt

Auch an anderer Stelle biegt sich die katholische Kirche im Alltag ihre Lehre immer wieder zurecht, damit sie zur Wirklichkeit der modernen Welt passt. So ist es für Katholiken verboten, die Pille, Kondome oder auch eine »Spirale« zu verwenden, um Schwangerschaften zu vermeiden. Eine Abtreibung kommt erst recht nicht infrage.

Sex sei dazu da, menschliches Leben entstehen zu lassen, so lautet die katholische Lehre. Einfach nur Spaß daran zu haben und eine Schwangerschaft zu verhüten, ist nach katholischer Lehrmeinung nicht erlaubt. Auch Selbstbefriedigung ist nach der Lehre des Vatikan »eine in sich schwere ordnungswidrige Handlung«. Masturbation, Onanie – das sei Sünde, heißt es. Überhaupt ist alles, was mit Sexualität zu tun hat, für die katholische Kirche im Verdacht, »unkeusch« oder »unrein« zu sein. So erklärt sich auch, warum es für viele Katholiken so wichtig ist, dass Maria als Jungfrau verehrt wird, warum von einer »unbefleckten Empfängnis« die Rede ist. Eine Jungfrau, die »unbefleckt« schwanger wird, hat ihre Reinheit bewahrt. Reinheit bedeutet hier also: ganz weit weg von allem, was nach Sex klingt.

Doch in katholischen Gegenden werden nicht mehr Kinder gezeugt als anderswo. In sehr katholischen Ländern wie Polen oder Italien kommen sogar weniger Babys auf die Welt als in Schweden oder Dänemark, wo sich kaum jemand darum kümmert, was die katholische Kirche zum Thema Verhütung sagt. Weil es unwahrscheinlich ist, dass Italiener oder Polen wesentlich weniger Sex haben als die Einwohner anderer Länder, lässt sich nur ein Schluss ziehen: Auch dort ist es den Katholikinnen und Katholiken wichtiger, einander ohne Angst vor einer Schwangerschaft näherzukommen, als sich Gedanken darüber zu machen, was die Kirche zu dem Thema sagt.

Für den Alltag im Leben vieler katholischer Christen gilt also: Was die Kirche sagt, ist das eine. Wie man sein Leben tatsächlich führt, ist etwas ganz anderes. Auch die Kirchenoberen wissen das. Selbst von Papst Franziskus war zu hören: »Gute Katholiken müssen sich nicht vermehren wie die Karnickel.« Das könnte man so verstehen: Wenn ihr das mit dem Verbot von Pille und Kondom nicht so ernst nehmt, ist es auch nicht schlimm. Das ist eine Sünde. Aber die wird euch verziehen. Passt schon.

Kein Sex im Pfarrhaus!

An einem anderen Grundsatz, der mit Sex zu tun hat, hält die katholische Kirche allerdings eisern fest. Ihre Pfarrer sollten das Thema »geschlechtliche Liebe« am besten überhaupt nicht im Kopf haben. Katholischer Pfarrer mit Freundin oder Ehefrau, das geht gar nicht. Damit bringt sich die katholi-

Dieser Spray-Spruch in Berlin ist nicht ganz ernst gemeint.

sche Kirche in eine unangenehme Zwickmühle. Denn ab einem gewissen Alter interessieren sich Männer schlicht für Frauen und umgekehrt, und zwar manchmal ganz gewaltig.

Doch sexuelles Interesse zu unterdrücken, sei wichtig, um sich Gott zuwenden zu können, heißt es von der katholischen Kirche. Und da Jesus selbst – nach dem, was in der Bibel steht – keine Frau hatte, sei es nur folgerichtig, wenn auch Priester keine Frau haben. Also müssen katholische Priester ihr Leben im »Zölibat« verbringen, ohne Partnerin oder Partner also. Das halten allerdings nicht sonderlich viele Männer für erstrebenswert. Und unter denjenigen, die sagen, dass sie kein Problem damit haben, ohne Sexualität zu leben, finden sich einige etwas spezielle Charaktere.

Bier trinken verbietet das »Zölibat« nicht – nur das Heiraten.

Auch bei einem anderen Sex-Thema bewegt sich die katholische Kirche lieber nur millimeterweise. Sie akzeptiert inzwischen zwar so gut wie alle naturwissenschaftlichen Erkenntnisse, die mit dem Weltall, mit Physik oder Chemie zu tun haben. Doch die wissenschaftlich belegte Erkenntnis, wonach es von der Natur vorgesehen ist, dass es Männer gibt, die Männer lieben, und dass es Frauen gibt, die Frauen lieben, gehört nicht zu dem, was gläubige Katholiken einfach so hinnehmen können. Schwul oder lesbisch zu sein, ist nach der katholischen Lehre »in keinem Fall zu billigen«. Menschen, die so leben, »verstoßen gegen das natürliche Gesetz«, heißt es aus dem Vatikan.

Die Haltung der katholischen Kirche zur Homosexualität ist besonders eigenartig, weil es nicht nur katholische Priester gibt, die schwul sind und ihre Neigung unterdrücken. Es gibt auch eine ganze Reihe katholische Geistliche, die ihre Liebe zum gleichen Geschlecht ausleben, wenn auch im Verborgenen. Man kann nur darüber spekulieren, wie viele katholische Priester es gibt, die in dieser Hinsicht gegen die Lehre ihrer Kirche verstoßen. Aber wenige sind es nicht.

Heilt der Heilige?

Auch bei ganz anderen Themen lässt die katholische Lehre für Leute, die gern mal ein bisschen nachdenken, einige Fragen offen. Die vielen Hunderte Heilige, die von Katholiken verehrt werden, sind nicht nur Vorbilder aus früheren Zeiten, denen man nachfolgen sollte. Ihnen wird auch die Macht zugesprochen, auf das Leben der Menschen heute einzuwirken. Millionen Katholiken beten zu bestimmten Heiligen, etwa damit ein Verwandter auf wunderbare Weise von einer Krankheit geheilt werden möge – oder auch sie selbst. Damit jemand heiliggesprochen wird, sind solche Wunderheilungen sogar eine Voraussetzung. Der frühere Papst Johannes Paul II wurde unter anderem deswegen im Jahr 2014 für heilig

Floribeth Mora Díaz verdanke ihre Heilung von einer schweren Krankheit dem früheren Papst Johannes Paul II, so heißt es.

erklärt, weil ihm die Heilung von Floribeth Mora Díaz aus Costa Rica zugesprochen wird, die an einer schweren Erkrankung im Gehirn gelitten hatte.

Für diejenigen, die eine Krankheit überwinden, nachdem sie zu einem Heiligen gebetet haben, ist das schön. Für einen etwas kritisch denkenden Menschen stellt sich aber die Frage: Wenn der Heilige so etwas bewirken kann, warum bewirkt er es nicht für noch weit mehr Menschen? Warum gibt es krebskranke Kinder, deren Eltern verzweifelt eine Heilung erflehen, auch Gebete an eine höhere Macht, an Heilige richten – aber ohne dass die Kinder geheilt werden?

Das Wirken Gottes entzieht sich jeder menschlichen Vernunft, lehren die christlichen Kirchen. Sich damit abzufinden, ist schon schwer genug. Sich aber auch noch damit abzufinden, dass auch das Wirken der Heiligen sich jeder Vernunft entzieht, ist zusätzlich schwer. Diese Heiligen waren doch selbst lebendige Menschen, keine Söhne oder Töchter Gottes, wie es die Kirchen Jesus von Nazareth zuschreiben. Warum lassen dann diese Heiligen die einen Menschen wieder gesund werden und andere nicht? Was würde man über einen Arzt sagen, der seine Fähigkeiten einsetzen könnte, um zwei Kranke zu heilen, aber es nur bei einem tut? Einen solchen Arzt würde man nicht »heilig« nennen, sondern unmenschlich, oder?

Wer solche Fragen stellt, wird hören, dass es bei der Anbetung Heiliger eben genau falsch sei, Fragen zu stellen. Da geht es ums Beten und Andächtigsein, heißt es von der katholischen Kirche, nicht ums Herumkritteln an dem, was Heilige bewirken oder auch nicht. Für kritisch denkende Menschen ist es nicht einfach, sich mit einer solchen Antwort abzufinden.

Es mag also sein, dass die katholische Kirche einiges zu bieten hat für diejenigen, die etwas für die Sinne suchen und sich nach einem Mysterium sehnen. Alle die, die finden, dass es zum Menschsein und auch zum

Christsein ebenso gehört, nachzudenken und halbwegs kritische Fragen zu stellen, haben es in der Kirche, die von Rom aus regiert wird, nicht immer leicht.

Die evangelischen Kirchen vor allem in Europa versuchen wesentlich intensiver, kritisches Nachfragen und Glauben unter einen Hut zu bringen. Damit brocken sie sich allerdings ebenfalls Probleme ein, wenn auch andere, als sie die katholische Kirche hat.

13

HEISST ›EVANGELISCH‹ IN WIRKLICHKEIT ›ALLES EGAL‹?

Bis Martin Luther vor rund 500 Jahren seine Reformation startete, war alles noch ganz einfach: Was die Pfarrer über den Glauben und die Erlösung erzählten, das galt. Was sie sagten, richteten die Geistlichen im Großen und Ganzen an der Bibel aus. Darin ist zu lesen, dass Gott die Erde in sieben Tagen erschaffen habe, dass es Engel gibt, dass Jesus für die Sünden der Menschen am Kreuz gestorben ist. Das sei alles in der Heiligen Schrift niedergelegt, erklärten die Pfarrer. Also ist es die Wahrheit, also gilt es. Punkt.

Was in der Kirche zu hören war, war ganz genau das Wort Gottes, so hieß es jahrhundertelang. Ob das, was aus den Münden der Pfarrer so alles kam, wirklich mit dem zusammenpasste, was in der Bibel steht, konnten die Menschen nicht beurteilen. Denn die meisten konnten nicht lesen, also konnten sie auch nichts in der Bibel nachschlagen. Und wenn sie lesen konnten, dann gab es die Bibel nicht in ihrer Sprache, sondern nur auf Latein oder Griechisch.

Es galt also, was der Pfarrer sagte. Was der zu sagen hatte, das wiederum entschied dessen Bischof als Vorgesetzter und ganz oben stand der Papst. Mit der Macht der Päpste räumten Reformatoren wie Martin Luther in den von ihnen begründeten Kirchen auf. Doch auch für Luther war klar: Was in der Bibel steht, ist das Wort des Allmächtigen. Es gibt das Böse ebenso wie das Gute. Es gibt einen Teufel, es gibt Sünde, es gibt Verdammnis. Luther predigte zwar, jeder Christ könne den Weg zu Gott selbst finden. Die evangelische Kirche spricht deswegen immer wieder vom »Priestertum aller Gläubigen«. Aber jahrhundertelang galt unter evangelischen Christen auch: Wie der Weg zu Gott aussieht, kann sich keineswegs jeder selbst aussuchen. Es gibt eine klare Ausschilderung auf diesem Weg.

Ich bin so frei

Inzwischen sieht die Sache anders aus. Heute gilt in der evangelischen Kirche: Über so gut wie alles, was mit dem Glauben zu tun hat, kann man diskutieren. Klare Anweisungen, was man im Alltag machen soll, um ein guter Christ zu sein, geben die evangelischen Kirchen (zumindest in Europa) schon lange nicht mehr. Andere nicht verletzen, verantwortungsvoll handeln – das ist so in etwa die Richtschnur, die man als Protestant von seiner Kirche an die Hand bekommt. Aber einen Katalog, was falsch und was richtig ist, erhalten evangelische Christen nicht. Das müssen sie schon selbst herausfinden. Die Zeiten, in denen evangelischen Christen von ihrer Kirche klar gesagt wurde, »das musst du glauben, das musst du machen«, sind vorbei.

Es gibt zwar biblische Regeln, die sich auch Protestanten zu Herzen nehmen sollten. Aber evangelische Christen sehen auch bei Vorschriften wie den Zehn Geboten einen beträchtlichen Auslegungs-Spielraum. Mit dem Gebot »Du sollst den Feiertag heiligen« etwa gehen die meisten Mitglieder der evangelischen Kirche ausgesprochen großzügig um. Und ihre Pfarrer haben sich damit abgefunden. Kein evangelischer Priester wird jemanden aus seiner Gemeinde fragen: »Na, wo waren Sie denn vergangenen Sonntag? Ich habe Sie gar nicht in der Kirche gesehen.« Das müsste er ziemlich vielen Leuten wohl ziemlich oft sagen. Auch darüber, wie es aussieht, dass man »Vater und Mutter ehren« soll, können evangelische Söhne und Töchter mit ihren Eltern wahrscheinlich lange streiten – das gilt für erwachsene Söhne und Töchter ebenso wie für jüngere. Um sich ans Gebot »Du sollst nicht töten« zu halten, braucht ein evangelischer Christ keinen Glauben und keine Kirche. Dieses Verbot steht auch im Strafgesetzbuch. Und dass man seines »Nächsten Weib nicht begehren« soll, passt leider so gar nicht ins Leben vieler Menschen in der heutigen Zeit. Die evangelische Kirche hat sich deshalb schon lange damit abgefunden, dass Beziehungen und auch Ehen oft nicht ewig halten. Wenn verheiratete Protestanten ihre Ehen beenden und neue Bindungen eingehen, dann müssen sie von ihrer Kirche keine kritischen Kommentare

Aus dem, was Martin Luther geschrieben hat, kann man vieles machen – auch daraus, wie er ausgesehen hat.

befürchten. Denn die versucht, auf die Lebenswirklichkeit der Menschen im 21. Jahrhundert einzugehen. Sie will nicht krampfhaft steinalte Ideen in die Gegenwart retten.

Damit setzt die evangelische Kirche einen Gedanken fort, den Reformatoren wie Martin Luther ins Christentum eingeführt haben. Der Gedanke lautet: »Muss ich meinen Glauben so leben, wie andere Menschen es mir sagen – wie etwa der Papst oder seine Bischöfe? Oder gibt es einen anderen Weg, wie man das Evangelium lesen kann? Und wenn es einen anderen Weg gibt, wie sieht der aus?« Die Reformationsbewegung hat den Zweifel und die Frage »Warum?« zu einer Kernidee des Glaubens gemacht. Oder auch die Frage: »Warum nicht?«

Bei Katholiken undenkbar, für Protestanten ganz normal: eine Pfarrerin.

In den simplen Zweifler-Fragen »Warum?« und »Warum nicht?« steckt allerdings eine gewaltige Sprengkraft. Sie hat dafür gesorgt, dass sich die evangelischen Kirchen seit den Zeiten Luthers enorm verändert haben. So fanden protestantische Gemeinden im 19. Jahrhundert in den Vereinigten Staaten keine zufriedenstellende Antwort mehr auf die Frage: »Warum nicht Frauen als Predigerinnen?« Also entschieden die evangelischen Christen dort, dass auch Frauen in einer Gemeinde die gleichen Aufgaben übernehmen durften wie Männer. Das passte zu der Lehre Martin Luthers, wonach jeder getaufte Christ Priester sein könne.

In Europa hat diese Entwicklung etwas länger gebraucht. In Deutschland dauerte es bis 1958, dass die erste Frau offiziell zur Pfarrerin ernannt wurde. Heute ist es in der evangelischen Kirche völlig normal, dass Frauen auf der Kanzel stehen. In den evangelischen Gemeinden in Deutschland ist rund jede dritte Pfarrstelle mit einer Frau besetzt.

Auch beim Thema Sexualität und Liebe ist die evangelische Kirche inzwischen weit lässiger als die katholische. Das ist ihre Antwort auf die Frage: »Warum sollen die Menschen nicht Spaß am Sex haben, wenn er doch Spaß machen kann?« Ob Protestanten zehn Kinder haben möchten oder lieber Schwangerschaften mit der Pille, Kondomen oder der Spirale verhindern wollen, überlässt die Kirche ganz ihnen selbst. Auch aus der Frage, ob es schlecht sein könnte, wenn Männer Männer lieben und Frauen Frauen, hält sich die Evangelische Kirche in Deutschland (EKD) offiziell weitgehend heraus. Hauptsache sei es, die Menschen sind liebevoll zueinander, so kann man zusammenfassen, was die EKD dazu zu sagen hat. Und dabei stützt sie sich, wohlgemerkt, stets auf das, was sich dazu in der Bibel finden lässt. Nur liest die EKD aus den biblischen Texten andere Sachen heraus, als es die katholische Kirche tut. Ganz andere mitunter.

Die Gefahr der Beliebigkeit

So ist es nur logisch, dass es in der evangelischen Kirche auch schwule und lesbische Pfarrerinnen und Pfarrer gibt. Darüber, wie viele es sind, lassen sich keine Zahlen finden. Aber in evangelischen Gottesdiensten stehen auch Priesterinnen und Priester am Altar, die sich offen dazu bekennen, dass sie sich zu Menschen des eigenen Geschlechts hingezogen fühlen, wenn es um körperliche Liebe geht. In der katholischen Kirche gibt es ebenfalls eine Menge homosexuelle Pfarrer. Der Unterschied zur evangelischen Kirche ist aber: Sie dürfen sich nicht offen dazu bekennen, geschweige denn offen als Schwule leben.

Vieles, was vor gar nicht langer Zeit als in Stein gemeißelt galt, sieht man in den evangelischen Kirchen heute also nicht mehr so eng. Die evangelischen Gemeinden geben ihren Mitgliedern eine große Freiheit, wenn es darum geht, nach dem richtigen Weg zu suchen. Was allerdings die Frage aufwirft: Kann man denn überhaupt noch den Weg erkennen, den die Kirche aufzeigt? Oder liegt dieser Weg inzwischen so im Nebel der Beliebigkeit, dass man ohnehin nur noch herumstolpern kann?

Viele fromme Katholiken glauben auch heute noch daran, dass sie etwas für ihr Seelenheil tun, wenn sie regelmäßig in die Kirche gehen, bestimmte Gebete murmeln, vielleicht Wallfahrten unternehmen. Unter traditionellen Katholiken gilt durchaus das Prinzip, dass man sozusagen Punkte sammeln kann auf dem Weg ins Himmelreich. Wer mehr Punkte hat, hat bessere Chancen.

Nur wenige evangelische Christen hingegen setzen darauf, dass sie durch einzelne Taten wie Gebete, Kirchgänge oder Beichten die Tür ins Himmelreich weiter aufstemmen können. Jeder evangelische Pfarrer, jeder Bischof wird sagen, dass es Gut und Böse gibt, Richtig und Falsch. Er wird auch sagen, dass man nahe bei Gott sein kann und fern von Gott. Aber wer gern eine genaue Landkarte haben möchte, um den Weg in Gottes Nähe zu finden, der hat es bei den traditionellen evangelischen Kirchen schwer. »Den Weg musst du durch deinen Glauben finden«, wird er vielleicht hören.

Freiheit heißt auch: Unsicherheit

Das ist auch einer der Gründe, warum viele junge Protestanten sich am Ende ihrer Konfi-Zeit weiter weg von der Kirche fühlen als am Anfang. Früher ging es im Konfirmandenunterricht darum, jungen Leuten einzupauken, wie sie das Glaubensbekenntnis laut mitsprechen, wann sie im Gottesdienst aufstehen und wann sie was sagen müssen. Das hatte einen Vorteil. Wer das alles aufgesogen hatte, der wusste, was er wann zu tun hat – und konnte sich entsprechend sicher fühlen. Heute wollen die Kirchen den Menschen eher beibringen, wie sie ihren Weg zum Glauben selbst finden. Doch das kann einen verunsichern. Entsprechend unsicher fühlst du dich dann eben, wenn du über Gott oder den Tod nachdenkst. Und unsicher fühlst du dich auch, wenn du im Gottesdienst mitsingen oder vorne laut eine Fürbitte vorlesen sollst.

Aber vielleicht willst du diese Freiheit, die einem die Kirchen heute geben, ja auch ganz besonders aktiv nutzen. Vielleicht möchtest du dich nach etwas ganz anderem umsehen. Was könntest du da finden?

14

GIBT'S ANDERSWO WAS BESSERES?

Fassen wir zusammen: Mit den großen christlichen Kirchen hat man es nicht leicht. Zumal als junger Mensch nicht, der mal über dieses und jenes nachdenkt. Da liegt die Frage nahe: Wenn man die Sache mit dem Glauben nicht komplett abhaken möchte, gibt es dann vielleicht andere Glaubenswege, die sich gehen lassen? Und könnte man sich da nicht vielleicht Anregungen von Leuten holen, die man – aus welchen Gründen auch immer – irgendwie gut findet?

Schon ein oberflächliches Suchen im Internet zeigt: Viele Stars aus Musik, Sport, Film haben einen ganz eigenen Zugang zu dem, was man Spiritualität nennt. Vielleicht liegen die ja richtig damit?

Ist Buddha der wahre Babo?

Vor einiger Zeit war es unter Promis aus den USA und Europa in Mode, zu sagen: »Das Christentum gibt mir nicht so viel, der Buddhismus aber

Der US-Schauspieler Richard Gere bekennt sich schon lange zum Buddhismus.

Die Musikerin Judith Holofernes sagt, der Buddhismus gebe ihr viel für ihr Leben.

schon.« Der *StarWars*-Erfinder George Lucas wird damit zitiert, er sei buddhistisch beeinflusst. Auch von der deutschen Musikerin Judith Holofernes von »Wir sind Helden« kann man lesen, die Religion, die vor allem in Asien verbreitet ist, gebe ihr Halt. (Ihren Künstlernamen allerdings hat sie sich aus der Bibel geholt – dort wird geschildert, wie eine Frau namens Judith einem Angreifer namens Holofernes den Kopf abschneidet.) Der amerikanische Schauspieler Richard Gere gehört zu den Promis, die sich besonders intensiv für den Buddhismus engagieren.

Buddhismus mache die Menschen ausgeglichen und zufrieden, kann man oft hören. Denn der Religionsgründer Siddharta Gautama, der später als »Buddha« (»der Erleuchtete«) bezeichnet wurde, hat dazu aufgerufen, das Leiden in der Welt zu überwinden. Das soll gelingen, indem man den »rechten Weg« geht, lehrte er. Klingt gut. Aber wenn du anfängst, dich etwas genauer mit dem Buddhismus zu beschäftigen, wirst du feststellen, dass er viele Ideen enthält, die dir – bei etwas Nachdenken – mindestens so merkwürdig vorkommen können wie die merkwürdigen Ideen des Christentums.

So gehen Buddhisten davon aus, dass alle Lebewesen nach ihrem Tod wiedergeboren werden. Das ist nach Ansicht der Buddhisten keineswegs angenehm. Denn nach ihrer Überzeugung gehört zum Leben als Mensch oder Tier immer auch Leid. Geburt, Leben, Leiden, Sterben, Wiedergeburt – das geht nach Ansicht der Buddhisten immer und immer so weiter. So lange, bis man als Mensch durch ein wirklich gut geführtes Leben diesen Kreislauf durchbricht. Klingt interessant. Aber

Es kann dauern, bis man in Europa einen Buddha-Tempel findet – wie etwa diesen in Berlin.

frag mal einen Buddhisten, was eigentlich ein Frosch tun kann, damit er als Mensch wiedergeboren wird, was ja als besonders hohe Stufe gilt. Mal sehen, ob du mit der Antwort zufrieden bist.

Und du kannst diesen Buddhisten bei der Gelegenheit mal fragen, warum die Gegenden, in denen besonders viele Menschen Buddha folgen, auch nicht viel friedlicher sind als andere Teile der Welt.

Nun könnte ein Buddhist entgegnen: »Seit Jesus seine Nachfolger aufgefordert hat, ihren Nächsten zu lieben, haben das auch bei Weitem nicht alle gemacht.« Damit stünde es beim Match »Buddha vs. Jesus« allerdings gerade mal 1:1 – und nicht 1:0.

Es gibt aber vor allem ein rein praktisches Problem, wenn man in Europa halbwegs ernsthaft auf den Buddhismus einsteigen will. Dazu würde – wie bei jeder Religion – gehören, dass man sich immer mal wieder gemeinsam mit anderen überlegt, was diesen Glauben eigentlich ausmacht. Such mal Tempel, in denen du bei buddhistischen Ritualen den Weg zu innerem Frieden finden kannst. Es wird dauern, bist du fündig wirst.

Wie wär's jüdisch?

Auf manchen deutschen Schulhöfen rufen Jungs anderen das Wort »Jude« zu, wenn sie sie beschimpfen wollen. Lassen wir mal beiseite, dass das die denkbar idiotischste und geschmackloseste Art ist, um jemandem mit Worten eine überzuziehen. Sondern schauen wir, welche Promis da antworten könnten: »Ja, das bin ich!« Da wäre der US-Schau-

Der Schauspieler Ben Stiller hat jüdische Wurzeln, ebenso wie die Sängerin Pink.

spieler Ben Stiller, der unter anderem durch die »Nachts-im-Museum«-Filme bekannt ist. Der amerikanische Regie-Titan Steven Spielberg könnte das auch antworten. Auch die Mutter der Sängerin Pink war jüdischen Glaubens, was die Musikerin nach den Regeln des Judentums ebenfalls zur Jüdin macht.

Man könnte auch sagen, seinen Weg zur Spiritualität im Judentum zu suchen, liegt für jemanden aus Europa weit näher als etwa der Buddhismus. Denn in Deutschland oder auch Österreich war der jüdische Glaube jahrhundertelang Teil des Lebens. Bevor die Nazis ab 1933 versuchten, alle Juden auszurotten, lebten weit über eine halbe Million Menschen in Deutschland, die zur jüdischen Glaubensgemeinschaft gehörten. In manchen Städten, wie etwa Frankfurt am Main, waren etwa fünf von hundert Einwohnern Juden. Für die nordbayerische Stadt Fürth gibt es Berechnungen, wonach dort vor rund 200 Jahren etwa 20 von hundert Bürgern dem jüdischen Glauben folgten. Das Judentum gehört zu Deutschland also dazu. Außerdem haben der jüdische und der christliche Glaube viel gemeinsam. Das »Alte Testament« ist auch für Juden ein wichtiger Text. Und Jesus von Nazareth war Jude.

Trotzdem kommt dir der Gedanke, Jude werden zu wollen, wahrscheinlich ziemlich abwegig vor. Und so ein Plan ist tatsächlich ausgesprochen ungewöhnlich, vor allem in Deutschland oder Österreich. Es gibt zwar ab und zu Nicht-Juden, die zu diesem Glauben wechseln. Doch ins Judentum mit seiner unglaublich langen und vielfältigen, aber auch erschütternd traurigen Geschichte wird man üblicherweise hineingeboren. Das sucht man sich nicht so einfach aus.

Aber moslemisch ginge doch ...

Wenn jemand sagt: »Ich wechsele (in der Fachsprache: ich konvertiere) zum Judentum«, dann klingt das fast skurril. Wenn jemand sagt: »Ich konvertiere zum Islam«, hört sich das nicht so außergewöhnlich an. Es gibt inzwischen Tausende Deutsche, die zu dem Glauben übergetreten sind, den der Prophet Mohammed begründet hat. Oft sind es Frauen, die einen Moslem etwa aus der Türkei oder dem arabischen Raum heiraten. Sie wollen den gleichen Glauben leben wie ihr Ehepartner.

Der Islam ist in den meisten europäischen Ländern nach dem Christentum inzwischen die wichtigste Religion. Im Kindergarten, in der Schule oder im Sportverein hast du sicherlich immer wieder mit moslemischen Kindern und Jugendlichen zu tun gehabt. Es ist ziemlich wahrscheinlich, dass du es gar nicht so weit zur nächsten Moschee hast. Wenn es um eine jüdische Synagoge geht oder einen buddhistischen Tempel, dürfte das anders aussehen. Und Promis wie Zayn Malik von der Band One Direction geben dem Islam in mancher Hinsicht ein hübsches, junges Gesicht.

Der Popstar Zayn Malik kommt aus einer moslemischen Familie.

Könnte dir der Islam also nicht etwas bieten, was du woanders erfolglos suchst? Er bietet schon mal ziemlich klare Orientierung, was man tun muss, um ein wirklich guter Gläubiger zu sein. Wenn du die vorgeschriebene Zahl von Gebeten einigermaßen einhältst, kein Schweinefleisch isst und keinen Alkohol trinkst, dich im Fastenmonat Ramadan an die entsprechenden Vorschriften hältst, vielleicht sogar einmal in deinem Leben in die heilige Stadt Mekka in Saudi-Arabien pilgerst, dann kannst du dir sagen: »Ich dürfte als guter Moslem durchgehen.« Die Frage »Was muss ich tun, um ein guter Protestant zu sein?« ist hingegen weit schwieriger zu beantworten und lässt einen viel unsicherer zurück. Ähnliches gilt für die Frage: »Was ist ein guter Katholik?«

Und gerade für Männer hat der Islam noch andere Vorteile. Er räumt ihnen in so gut wie allen Bereichen des Lebens ganz klar eine wichtigere Rolle ein als den Frauen. Das geht so weit, dass Männer nach den Regeln des Islam – zumindest wenn es um religiöse Eheschließungen geht – bis zu vier Frauen heiraten können. Dass Frauen sich vier Männer zulegen (zum Beispiel einen reichen Mann, einen witzigen, einen mit tollem Körper, einen handwerklich Begabten) ist im Islam nicht vorgesehen. Es gibt viele Frauen, die sich an dieser Rollenaufteilung nicht stören. Sie finden es vielmehr gut, wenn klar ist, wer das Sagen hat. Diese Frauen glauben auch meist, dass das von Gott so gewollt ist.

Was noch für den Islam spricht: Er ist die Religion, die in den vergangenen Jahren am schnellsten gewachsen ist. Das hängt zwar weniger mit der Zahl der Menschen zusammen, die zum Islam konvertieren, sondern vor allem damit, dass in islamischen Ländern besonders viele Kinder geboren werden. So oder so, der Islam ist auf dem Vormarsch. Und man könnte ja sagen: Was mehr als eineinhalb Milliarden Menschen (Tendenz steigend) richtig finden, kann doch nicht falsch sein.

Aber für den Islam gilt das Gleiche wie für den Buddhismus: Wenn es im Christentum Sachen gibt, die dir durch längeres Überlegen immer mal wieder eigenartig, fremd, un-glaub-würdig vorkommen, dann dürfte es dir beim Islam nicht viel besser gehen. Auch der hat vieles, was man nur aushalten kann, wenn man sagt: »Mir geht's nicht so sehr ums Nachdenken, sondern ums Glauben.« Dass beispielsweise Kinder keine Gummibärchen essen dürfen, in denen möglicherweise Gelatine steckt, die aus Schweineknochen gewonnen wurde, kann einem schon eigenartig vorkommen. Denn Schweinefleisch und damit auch Gelatine aus Schweineknochen ist für Moslems verboten. Wer solche Verbote nicht einfach hinnehmen mag, könnte sich fragen: Was ist das eigentlich für ein Gott, der Menschen bestraft, weil sie in die falsche Gummibärchentüte gegriffen haben? Damit das nicht passiert, gibt es immerhin inzwischen Gummibärchen, die den islamischen Essensregeln entsprechen – sie sind »halal«. In denen kann beispielsweise Gelatine aus Knochen von Rindern oder Kälbern enthalten sein, die nach den moslemischen Schlacht-Vorschriften getötet wurden. Denn solche Gelatine ist für Moslems – im Gegensatz zu Gelatine aus Schweineknochen – unproblematisch.

Die einen Gummibärchen beschädigen – nach islamischer Vorstellung – die Seele, die anderen nicht.

Auch die Kleidervorschriften, die in moslemischen Gesellschaften gelten, sind gewöhnungsbedürftig, wenn man nicht von klein auf mit ihnen aufgewachsen ist. Die Haare von Frauen und älteren Mädchen müssen durch ein

Kopftuch verhüllt werden, vielleicht auch das Gesicht. Kurze Röcke oder gar Hotpants gehen gar nicht, jedenfalls für Frauen und Mädchen, die es mit dem Islam halbwegs ernst meinen.

Noch etwas Weiteres kann einem Probleme mit dem Islam bereiten: Wenn man es als ein Qualitätsmerkmal einer Religion ansieht, wie die Menschen in Ländern leben, in denen diese Religion besonders stark ist, dann sieht die Bilanz für den Islam nicht besonders gut aus. Krieg, Unterdrückung, Unfreiheit, Armut sind in vielen islamischen Ländern bitterer Alltag. Wobei viele Moslems darunter zu leiden haben, dass es im Islam – ähnlich wie im Christentum – verschiedene Glaubensrichtun-

Marjolein Khan-Kamp ist eine von Tausenden Deutschen, die vom Christentum zum Islam konvertiert sind.

gen gibt, die größten sind die der Sunniten und Schiiten. Und die finden immer wieder Gründe, sich wegen ihrer unterschiedlichen Auffassungen zum Glauben gegenseitig umzubringen, so wie es katholische und evangelische Christen in Europa auch lange Zeit getan haben.

Oder Hardcore-Christ werden?

Es kann also sein, dass dir das, was deine christliche Gemeinde bislang bietet, nicht so richtig taugt – dass dich andere Angebote wie etwa Buddhismus, Judentum, Islam aber auch nicht packen. Wenn das so ist, dann könntest du natürlich sagen: Ich schaue mal, wie es mir bei Christen gefällt, von denen man nicht so oft hört: »Einerseits, andererseits … Kann man so sehen, aber auch anders.« Von solchen Christen gibt es verschiedenste Gruppen. Vielleicht hast du mal »Zeugen Jehovas« am Straßenrand stehen sehen, die eine Zeitschrift namens »Wachtturm« verteilen. Diese Christen nehmen die Bibel wörtlich (so sehen sie es zumindest) und sie leiten aus ihrer Sicht der Heiligen Schrift ganz klare Anweisungen fürs Alltagsleben ab. Es sind allerdings auch Vorschriften darunter, die einem sehr merkwürdig vorkommen können. So dürfen Zeugen Jehovas keine Bluttransfusionen bekommen, etwa bei einer Operation. Ob deshalb jemand in Lebensgefahr gerät, zählt für wirklich Gläubige nicht.

Und wenn du etwas tiefer in die Gedankenwelt der Zeugen Jehovas einsteigst, wirst du merken: Für Zweifeln und Nachdenken ist da besonders wenig Platz. So glauben sie fest daran, dass ein großer Endkampf zwischen Gott und dem Teufel bereits begonnen hat und wir uns in der Zeit der »letzten Tage« befinden. Das kann ziemlich skurril wirken, wenn man sich etwas näher damit befasst.

Zeugen Jehovas werben auf der ganzen Welt für ihre Sicht des Glaubens.

Es gibt aber noch weit mehr christliche Gruppen, denen die offizielle evangelische oder auch katholische Kirche zu sehr wischi-waschi ist. Bei den Protestanten werden manche dieser Gruppen »evangelikal« genannt oder »pietistisch«. Es gibt sogenannte Freikirchen, die sich im großen Verbund der Evangelischen Kirche in Deutschland nicht wohlfühlen und lieber ihren eigenen Weg gehen – weil sie die traditionelle Kirche für unfrei halten.

Es gibt »Pfingstler«, die danach streben, dass der Heilige Geist sie beseelt, so wie es – nach der Bibel – den Jüngern an Pfingsten geschehen ist. Der brasilianische Fußball-Star Neymar gilt zum Beispiel als Anhänger dieser Form des Christentums. Er hat kein Problem damit, sich nach einem Fußballspiel mit einem Stirnband zu schmücken, auf dem »100% Jesus« steht.

Der Fußball-Star Neymar ist sich offensichtlich sicher, dass Jesus ihm bei seinen Erfolgen hilft.

Es gibt »Adventisten«, die, ähnlich wie die Zeugen Jehovas, davon ausgehen, dass es nicht mehr lange dauern kann, bis Jesus erneut auf die Erde kommt. Vor allem in den USA gibt es daneben eine große Zahl weiterer verschiedenster Auslegungen der Bibel, etwa durch die Mormonen, die Mennoniten oder die Baptisten. Die Zahl der verschiedenen Wege, protestantisch zu sein, wird auf rund 30 000 geschätzt!

Aber auch in der katholischen Kirche gibt es viele verschiedene Richtungen und Strömungen, auch wenn dort offiziell alles auf den Papst in Rom ausgerichtet ist. Manche dieser Richtungen wollen den Glauben besonders konsequent leben, etwa das »Opus Dei«, was auf Deutsch so viel heißt wie »Werk Gottes«. Einige Strömungen sind bei ihrer Deu-

Es gibt in den christlichen Kirchen Gruppen, die einem ausgesprochen merkwürdig vorkommen können – wie etwa die »Zeugen der Wahrheit«, von denen hier eine Internetseite zu sehen ist.

tung des katholischen Glaubens so radikal, dass sie sogar in Konflikt mit der Spitze der katholischen Kirche im Vatikan geraten. So hat beispielsweise das »Engelswerk« (oder »Opus Angelorum«) immer wieder Ärger mit der katholischen Zentrale, das Gleiche gilt etwa für die »Piusbrüderschaft«.

Die Hardcore-Christen können eine gewisse Faszination ausüben. Denn sie geben ganz klare Anweisungen, was man tun darf und was nicht, wenn man ein guter Mensch sein will. Sie versprechen einem also Sicherheit. Sie behaupten auch, dass sie alles, wirklich alles, was auf der Welt passiert, erklären können. Manche von ihnen zählen genau auf, wie viele Engel es gibt, und können auch sagen, wie diese Engel heißen. Manch einem, der Texte von solchen Hardcore-Christen liest, kommt allerdings auch die Frage: »Haben die nicht vielleicht 'ne Meise?«

Du könntest dir aber auch ganz andere Varianten des Christentums ansehen und schauen, ob sie richtig für dich sind: die neuapostolische Kirche, die altkatholische Kirche, die russisch-orthodoxe, griechisch-orthodoxe oder serbisch-orthodoxe Kirche. Du könntest überlegen, ob du den Regeln folgen willst, die sich koptische Christen vor allem in Ägypten gegeben haben, oder du könntest dich mit dem Glaubensweg der armenischen Christen beschäftigen.

Diese Aufzählung zeigt allerdings ein Problem, das man mit dem Christentum schnell mal haben kann: Es gibt Zehntausende verschiedene Antworten auf die Frage: »Wie sollte man Christus nachfolgen?« Wenn es für alle Menschen nur einen einzigen richtigen, wahren Weg geben dürfte, wie man Jesus von Nazareth nachzueifern hat, wäre es ziemlich schwer, sich zu entscheiden, welcher das ist.

Die Menschen gehen also ganz unterschiedliche Wege in den verschiedenen christlichen Kirchen, im Islam, im Buddhismus und in den ganzen anderen Religionen, die es noch gibt. Das legt die Schlussfolgerung nahe: Diese Wege passen irgendwie zu dem, wo Menschen ihre Wurzeln haben. Was wiederum die Schlussfolgerung nahelegt, dass zu deinen Wurzeln doch irgendwie dieser manchmal etwas eigenartige Verein passt, in den du hineingetauft wurdest.

Oder solltest du nicht doch einfach den Weg nehmen, den wahrscheinlich viele Leute gehen, die du kennst – nämlich den, der einen großen Bogen um alles macht, was mit Kirche zu tun hat? Das kann man machen. Dann bleibt aber die Frage: Was geschieht eigentlich, wenn das nicht nur immer mehr Menschen machen, sondern irgendwann so gut wie alle? Dieses oder nächstes Jahr wird sich die evangelische Kirche noch nicht auflösen, die jährlich allein in Deutschland immerhin noch etwa 240 000 junge Leute konfirmiert, also »in ihrem Glauben bestärkt«. Ähnliches gilt für die katholische Kirche. Doch in 80 oder 100 Jahren könnte die Sache anders aussehen. Aber wäre es schlimm, wenn die Kirchen irgendwann der Vergangenheit angehören? Es gibt ja auch niemanden mehr, der Götter wie Zeus oder Wotan anbetet, für sie Tempel baut, ihnen Opfer bringt. Diese Form der Gläubigkeit vermisst keiner. Warum sollte man die christlichen Kirchen vermissen?

15

WELT OHNE KIRCHE?

Man hat es nicht leicht mit den christlichen Kirchen. Was könnte eine Lösung sein? Stellen wir uns vor, sie lösen sich einfach auf. Sie verdunsten sozusagen, so wie das Wasser in einem Glas verdunstet, wenn du es in die Sonne stellst. Weil immer mehr Menschen ihre Kinder nicht taufen lassen und weil von den Getauften immer mehr aus der Kirche austreten, werden die Kirchen Stück für Stück bedeutungslos. Die Entwicklung geht heute bereits klar in diese Richtung. Wie würde es aussehen, wenn das schon vor, sagen wir, 300 Jahren begonnen hätte, wenn also heute bereits die christlichen Kirchen in Deutschland, Österreich oder der Schweiz so gut wie unsichtbar geworden wären?

Wenn die Kirche leer bleibt.

Dann gäbe es sicher keinen Religionsunterricht in der Schule. Vielleicht sagst du bei dieser Idee »Hurra«, weil du dieses Fach nicht sonderlich spannend findest und die Reli-Lehrer dich nicht so richtig begeistern. Aber du darfst davon ausgehen, dass die Unterrichtszeit dann mit irgendetwas anderem gefüllt würde. Und sei es mit Mathe. Sagst du bei dem Gedanken auch noch »Hurra«?

Denken wir mal etwas ernster nach. Wenn sich das Christentum auflöst, braucht man keine Kirchengebäude mehr. Die würden zwar nicht alle einfach verschwinden, es sind ja viele wertvolle Baudenkmäler dabei. Niemand würde den Kölner Dom sprengen oder die Frauenkirche in Dresden in die Luft jagen, auch wenn die Christen in Deutschland irgendwann mal so gut wie ausgestorben sein sollten. Aber in einem Land ohne Kirche als Institution würden von Jahr zu Jahr weniger kirchliche Gebäude stehen. Kirchen werden jetzt schon in ganz Deutschland in Veranstaltungsräume umgewandelt, weil die Gemeinden schrumpfen. Mitunter werden Kirchen sogar abgerissen. Wenn das lange Zeit so weitergeht, bleiben nur noch einige Gebäude übrig. Die wären dann eine Art Museum.

Wenn die Kirchen als Institutionen verschwinden, gibt es keine Gottesdienste mehr. Am Wochenende nicht (Auf Sonntagsgottesdienste kann ich wirklich verzichten, denkst du jetzt vielleicht), aber auch an Weihnachten oder Ostern nicht. In einer Welt ohne Kirchen gäbe es keine Posaunenchöre, keine anderen kirchlichen Musikgruppen, keine Kinderchöre, keine Gospelchöre. Es gäbe überhaupt keine Musik in der Kirche.

Es gäbe keinen Sonntag, der sich wirklich wie Sonntag anfühlt.

Es gäbe keine christlichen Kindergärten, Krankenhäuser, Schulen, die sagen: »Wir sind ein bisschen anders, weil wir denken, dass wir einen besonderen Auftrag haben.«

Es gäbe keine christlichen Geistlichen. Es gäbe keine irren Pfarrer und Pfarrerinnen, Pastorinnen und Pastoren. Aber auch keine netten.

Es gäbe keine Erstkommunion für katholische Kinder, keine Firmung für katholische Jugendliche, keine Konfirmation für jugendliche Protestanten, keine Konfi-Freizeiten, keine Jugendgruppen an den Kirchen.

Es gäbe keine prominenten Ober-Christen, keine Bischöfe und Bischöfinnen, die Politikern oder anderen Mächtigen immer mal wieder ins Gewissen reden, wenn es um Fragen von Gerechtigkeit, Umwelt, Frieden, Armut geht – und um die Fragen: »Was ist richtig?« und »Was ist wichtig?«

Es ist kein Zufall, welche Worte an diese Kirche während Renovierungsarbeiten geschrieben wurden.

Und für viele Menschen, die heute bei den Kirchen irgendeine Art von Trost finden, wenn sie leiden oder Angst vorm Sterben haben, würde es wesentlich schwieriger, auf solche Weise getröstet zu werden. Auch für diejenigen, die erst mal nicht auf die Idee kommen, sich bei der Kirche Trost zu holen, würde etwas fehlen, wenn auch vielleicht nur indirekt. Die Kirchen sind die einzigen großen Organisationen, in denen es erlaubt ist zu sagen: »Ich bin nicht perfekt, ich bin immer wieder schwach, es geht mir manchmal schlecht, ich brauche Hilfe. Ich brauche Trost.« So etwas sagen zu dürfen, gehört sozusagen zum Programm der Kirchen.

Du wirst keine Schule, keine Firma, keinen Sportverein finden, wo es zum »Programm« gehört, dass man wirklich offen sagen kann: »Ich mache immer wieder Sachen falsch, ich fühle mich deshalb als Versager, ich brauche deswegen Trost, ich brauche Hilfe.« Schulleiter, Lehrer, Firmenchefs, Sportvereins-Trainer beteuern zwar immer wieder, keiner soll sich überfordern, jeder soll zugeben dürfen, wenn er etwas nicht schafft oder wenn es ihm schlecht geht. Aber das macht man dann doch besser unter vier Augen oder im kleinen Kreis. Vor einer großen Gruppe zu sagen: »Ich fühle mich wie ein Versager«, ist in der Schule fast genauso undenkbar wie dort, wo deine Mutter oder dein Vater arbeiten. Es mag sich zwar komisch anhören, wenn es in der Kirche heißt: »Gott sei mir Sünder gnädig.« Aber es heißt nichts anderes als: In der Kirche kannst du laut und vor allen anderen sagen, dass du etwas falsch gemacht hast. Und in der Kirche darfst du erwarten, dass dir nicht nur verziehen wird, sondern dass du sogar getröstet wirst, wenn du darum bittest. Ob die Art und Weise, wie die Kirchen Trost spenden, dir im Zweifelsfall wirklich hilft, ist ein anderes Thema. Das muss jeder für sich selbst herausfinden.

Nun kannst du entgegnen: »Für das Allermeiste, was da aufgezählt ist, brauchen wir doch keine Kirchen. Fürs Musikmachen nicht. Um alle sieben Tage zu sagen, jetzt wollen wir mal Ruhe haben, nicht. Um gute Kindergärten oder Krankenhäuser zu organisieren nicht. Auch um armen Menschen in Afrika oder Asien zu helfen, brauchen wir keine Kirchen, das können auch andere Leute leisten. Und für den Trost brauchen wir die Kirchen ebenfalls nicht. Den können wir uns doch auch anders suchen.

Da ist was dran.

Aber es könnte eben auch sein, dass dann, wenn die Kirchen sich auflösen, nichts anderes an ihre Stelle tritt. Sondern einfach nur eine große Lücke bleibt. Ein Gedankenspiel: Wie wäre es, wenn dort, wo heute eine Kirche steht, die du kennst, einfach ein großes Loch im Boden klaffte, eine Baugrube? Oder eine mit Unkraut überwucherte leere Fläche. Wie sähe das aus? Willst du das? Kann gut sein, dass bald ein Wohn- oder Bürohaus an der Stelle steht, wo früher die Kirche war. Aber ist das das Gleiche?

Das wichtigste Zeichen der Christen – auf dem Müll.

16

UND JETZT?

Hast du wirklich das Buch bis hierher durchgelesen? Obwohl da immer wieder sperrige Sachen deine Augen blockiert haben, Wörter wie »Theodizee«, »konvertieren« oder »Initiation«? Oder hast du schnell mal bis hierher geblättert? Denn einerseits wolltest du vielleicht nicht ein ganzes Buch über dieses komische Ding namens Kirche lesen (man muss es ja nicht übertreiben), andererseits hast du aber doch irgendwie Fragen, die noch offen sind. Ist es so?

Egal. Ohne dich enttäuschen zu wollen: Viele dieser Fragen werden offen bleiben. Auf die Frage »Wo war ich, bevor ich geboren wurde?« hat niemand eine einfache Antwort, die dich immer und zu hundert Prozent zufriedenstellen würde. Der Papst findet dazu keine einfachen Worte, der Ratsvorsitzende der Evangelischen Kirche in Deutschland nicht und auch kein muslimischer, jüdischer, buddhistischer oder hinduistischer Geistlicher. Auch auf die Frage »Wo werde ich sein, nachdem ich gestorben bin?« haben sie keine einfache Antwort, die jeden zufriedenstellt.

Du kannst in Texten christlicher Theologen davon lesen, dass der Tod eine Verwandlung sei. Das ist ja schon mal ein Anfang. An diesen Gedanken kannst du vielleicht anknüpfen. Aber du wirst irgendwann feststellen: Wenn du versuchst zu verstehen, was das Wort »Verwandlung« bedeutet, wirst du irgendwann feststecken. Denn das Verstehenkönnen hat Grenzen. Spätestens an dieser Grenze beginnt das, was man Religion nennt.

Doch die Wissenschaft?

Vielleicht widersprichst du jetzt und sagst: Das ist doch kein brauchbares Argument. Wer verstehen *will*, der *kann* auch verstehen. Religiöse Menschen, Kirchenleute *wollen* gar nicht verstehen, sagst du vielleicht. Sie wollen nicht verstehen, was nach dem Tod kommt – nämlich nichts.

Diese Ansicht kann man vertreten. Man kann sagen: »Bevor ich geboren wurde, waren da soundso viel Millionen Atome Kohlenstoff, Sauerstoff, Stickstoff, Wasserstoff, Natrium, Eisen und so weiter, aus denen setze ich mich 20, 80 oder 90 Jahre zusammen und danach machen diese Atome wieder irgendetwas anderes.« Aber stellt dich so eine Aussage wirklich zufrieden? Wahrscheinlich auch nicht. Zumindest nicht, wenn du ganz ehrlich bist. Zumal diese Antwort eine weitere Frage völlig offenlässt: »Warum gibt es überhaupt diese Atome?«

Man kann natürlich die Antwort geben: »Darum. Weil vor 14 Milliarden Jahren der Urknall … und so weiter. Und möglicherweise gab's nicht nur diesen einen Urknall, sondern ganz, ganz viele in mehr oder weniger unendlich vielen Multiversen.« Was man eben so hört und liest. Das kannst du dir alles aus schlauen Wissenschaftstexten zusammenklauben. Wirklich verstehen wirst du auch das nicht, wenn du ehrlich bist. 14 Milliarden Jahre? Urknall? Multiversen? Da ist ja der Heilige Geist leichter vorstellbar. Oder doch nicht?

Du kannst das auch alles beiseiteschieben und sagen: »Auf die Frage nach dem Warum gibt es keine Antwort. Also stelle ich sie gar nicht.« Auch nicht die Frage nach dem Vorher und Nachher.

Das kannst du machen. Und dich vielleicht erst mal auf den nächsten Besuch bei McDonald's oder Burger King konzentrieren, die nächste Party, den nächsten netten Abend vor dem Fernseher, die nächste Mathe-Schulaufgabe, den nächsten Nachmittag mit Freunden an der Playstation oder auch den nächsten Urlaub. Einfach leben. Gut zu leben versuchen. Geht auch.

Es kann sein, dass gerade die besonders coolen Leute, die du kennst, sich kein bisschen mit den Fragen beschäftigen, über die Kirchenleute gern reden. Da liegt der Schluss nahe, dass es uncool und peinlich ist, einigermaßen hörbar zu sagen: »Ich mache mir schon ab und zu mal Gedanken über die großen Themen, und ich glaube, die Kirchen und überhaupt die Religionen könnten da interessante Antworten haben.« Aber auch Mr. und Mrs. Obercool wird es irgendwann mal erwischen, dass sie vor ganz großen Fragen stehen. Spätestens, wenn sie nicht mehr jung, gesund und munter sind.

Die Fragen werden also immer wieder kommen. Die Fragen nach dem Vorher, dem Nachher, dem Warum. Am Grab von Oma oder Opa werden die Fragen kommen. Wenn ein Flugzeug abstürzt. Wenn ein Erdbeben in Asien Tausende Menschen tötet. Wenn Menschen, die so sind wie du, nur mit etwas anderer Hautfarbe, ein paar hundert Kilometer südlich von dir im Mittelmeer ertrinken. In dem Meer also, in dem du im Urlaub vielleicht immer wieder deinen Badespaß hast.

Noch mal: Du kannst die Fragen wegschieben. Aber sie werden immer wieder kommen.

▪ Und was machst du, wenn die Fragen kommen?

Wenn du ehrlich bist, möchtest auch du an eine gute Kraft glauben, die man Gott nennen kann. Auf einen boshaften, rachsüchtigen, unberechenbaren Gott kannst du verzichten. Aber einen »lieben Gott«, den hättest du doch ganz gern. Einen, der dafür sorgt, dass am Ende alles gut wird.

Auch wenn das Reden vom »lieben Gott« auf peinliche Weise nach den Nachtgebeten kleiner Kindern klingen mag: »Lieber Gott, mach mich fromm, dass ich in den Himmel komm!« Aber sagen wir mal so: Ein »guter Gott«, der wäre schon etwas für dich, oder?

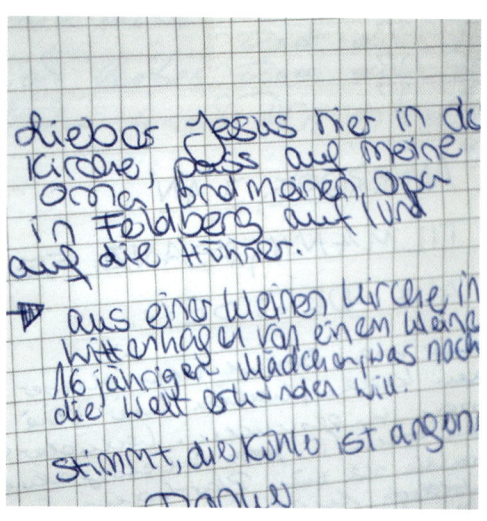

Das Mädchen, das diese Zeilen geschrieben hat, ist nicht allein, wenn sie denkt: »Jesus könnte vielleicht helfen.«

▪ Und wie findest du zu diesem »guten Gott«?

Wenn du in Saudi-Arabien oder im Irak geboren wärest, hätten die Antworten auf eine solche Frage wahrscheinlich etwas mit einer Religion zu tun, die Islam heißt. Wenn du in Indien geboren wärest, hätte die Antwort wahrscheinlich etwas mit einer Religion zu tun, die Hinduismus heißt oder Buddhismus.

Du bist in Europa geboren. Deswegen hat die Antwort, die viele Menschen in deiner Umgebung auf diese Fragen geben, etwas mit einer Religion zu tun, die Christentum heißt, und mit einem Zusammenschluss von Menschen, der sich christliche Kirche nennt.

Du bist da hineingeboren. Und du kommst da nicht raus.

Normalerweise ist »Nichtrauskommen« eher unangenehm. Klingt nach Gefängnis. Was das Christentum und die Kirche angeht, ist das »Nichtrauskommen« nicht ganz so schlimm.

Es gibt fürchterliche Christen. Es gibt nette. Es gibt interessante, es gibt langweilige. Es gibt welche, die sagen, dass sie gar keine Christen sind, aber in der Kirche bleiben. Diese Leute sind um dich herum, egal, was du über sie denkst, egal, was du machst.

Und: Auch du bist ein Christ, eine Christin, egal, was du tust oder sagst. Ob die Leute in der Kirche alle heilig sind, wie es im Glaubensbekenntnis heißt, darüber kann man lange reden. Aber eine Gemeinschaft ist es irgendwie schon, das Christentum. Du hast noch sehr viel Zeit, dir darüber Gedanken zu machen, dich darüber zu ärgern, dich darüber zu freuen, den Christen die kalte Schulter zu zeigen oder auf sie zuzugehen. Du kannst nichts falsch machen.

Wobei es wohl doch eines gibt, was falsch wäre. Wenn du so tust, als ob diese Fragen gar nicht existieren, dann lügst du dir in die Tasche. Wenn du so tust, als ob es die Kirche nicht gäbe, ebenfalls. Und das wäre dann doch nicht die richtige Antwort.

Die Frau, die dieses Bild aus den Schweizer Alpen auf Twitter postete, schrieb dazu: »Ich habe IHN immer noch nicht gefunden. Aber immerhin weiß ich, wo ER sein Auto parkt.«

STICHWORTVERZEICHNIS

Bildnachweis

Nikolaus Nützel hat neben seiner Arbeit als Journalist bislang fünf Jugendsachbücher veröffentlicht. Er hat für seine Arbeit zahlreiche Medienpreise erhalten, darunter zwei Nominierungen zum Deutschen Jugendliteraturpreis und zweimal die Auszeichnung »Bestes Junior-Wissensbuch« des österreichischen Wissenschaftsministeriums.

Nikolaus Nützel / Hannes Blankenfeld
Jugend in Gefahr!

416 Seiten, ISBN 978-3-570-15976-7

»Soziale Netzwerke machen süchtig!« – »24 % aller Jugendlichen leiden unter einer psychischen Störung!« – »Sonnenbrände töten!« Die Jugend von heute schwebt in höchster Gefahr – zumindest laut Medien, Werbung und einiger Fachleute. Also: Immer schön vorsichtig sein! Doch es gibt auch höchst verwirrende Informationen über Lebensrisiken, wie etwa: »Kokosnüsse sind 15 x tödlicher als Haie ...« Anhand anschaulicher Beispiele erklären Nikolaus Nützel und Dr. Hannes Blankenfeld, wie viel Gefahr drinsteckt, wenn Gefahr draufsteht, und wie wichtig es ist, sich eigene Gedanken zu machen. Denn: 100 % Sicherheit gibt es nie. Aber 100 % Vertrauen in die eigene Entscheidungsfähigkeit!

www.cbj-verlag.de

10329

Nikolaus Nützel
Ihr schafft mich!

224 Seiten, ISBN 978-3-570-40265-8

Warum essen wir Scampi, aber keine Maikäfer? Und warum tun wir Dinge, auf die wir keine Lust haben? Regeln, Normen und Gesetze haben uns fest im Griff. Aber wie kommen diese Normen in unseren Kopf? Und was ist »normal«? Anhand anschaulicher Beispiele erklärt Nikolaus Nützel, wie unsere Gesellschaft funktioniert und wie wichtig es ist, auch mal gegen den Strom zu schwimmen, Regeln zu hinterfragen und das Undenkbare denkbar zu machen.

www.cbj-verlag.de

40237

Reiner Engelmann

Der Fotograf von Auschwitz

ca. 192 Seiten, ISBN 978-3-570-15919-4

Als Wilhelm Brasse mit 22 Jahren in das Stammlager Auschwitz eingeliefert wird, ahnt er nicht, dass er als gelernter Fotograf zum Dokumentarist des Grauens wird. Seine Aufgabe ist es, die KZ-Insassen zu fotografieren. Menschen, die kurze Zeit später in den Gaskammern umgebracht werden. Menschen, die von Josef Mengele zu »medizinischen Experimenten« missbraucht werden und denen die Todesangst ins Gesicht geschrieben steht. Hätte er die Arbeit verweigert, wäre das sein eigenes Todesurteil gewesen. Als Brasse 1945 alle Fotos verbrennen soll, widersetzt er sich, um Zeugnis zu geben von dem unfassbaren Grauen. Der Autor hat Wilhelm Brasse noch kennengelernt und schreibt sein Leben für Jugendliche auf. Ein erschütterndes Dokument – gegen das Vergessen.

www.cbj-verlag.de

20214